APRENDER A VIVIR

Ramiro Calle

EDITOR
Javier RODRÍGUEZ

DIRECTOR DE LA COLECCIÓN
Ramiro CALLE

COORDINACIÓN EDITORIAL
Marisa LÓPEZ DE PARIZA

AUTOR
Ramiro CALLE

MAQUETACIÓN
Javier BENAVENTE y María FERNÁNDEZ

FOTOMECÁNICA
Pantagrama, S.L.

IMPRESIÓN
Ibergraphic, S.A.

ISBN
84-89960-47-X

DEPÓSITO LEGAL:
M-22.740-2002

EDITA
Ediciones Jaguar, S.A.
Laurel, 23. 28005 Madrid.
E-mail: jaguar@edicionesjaguar.com

| 1ª Edición: 1999 | 3ª Edición: 2002 |
| 2ª Edición: 2001 | 4ª Edición: 2004 |

RESERVADOS TODOS LOS DERECHOS

Esta publicación no puede ser reproducida ni en todo ni en parte, ni registrada ni transmitida por un sistema de recuperación de información, en ninguna forma ni por ningún medio, sea mecánico, fotoquímico, electrónico, magnético, electroóptico, por fotocopia o cualquier otro, sin el permiso previo por escrito de la editorial.

Deseo expresar mi gratitud hacia mi amigo Javier Rodríguez, Director de Ediciones Jaguar, que ha puesto toda su confianza y entusiasmo en la Biblioteca que lleva mi nombre, en el afán de difundir actitudes y métodos para el mejoramiento humano y la evolución de la consciencia.

Ramiro CALLE

Índice

Pág.

Enfrentarse con lo desconocido 7
   La aventura de vivir 8
   Hay que vivir y hay que morir 10
   Al compás de un mismo proceso 14
   Yoga, la primera psicología del mundo 19
   Buda, el más grande de los yoguis 22

Viviendo paso a paso 24
   Encontrarse con uno mismo 24
   Luces y sombras 25
   Seguir la senda de la vida 28
   Un amor que anula 33

La vida es el gran maestro 35
   Aprender a conocerse 35
   La técnica de vivir mejor 38
   El arte de la observación 40

El cultivo de la atención 44
   Una ayuda para purificar la mente 45
   La consciencia sin conflicto 46
   Olvidar 50
   La respuesta de la vida 52
   La estrategia 55

De la ansiedad al sosiego 58
   Una energía poderosa 58
   Pros y contras de la ansiedad 61
   La armonía, medicina para la ansiedad 63

	Pág.
El ángulo de la paz	64
Se aprende a aceptar la muerte	65
El esfuerzo sin esfuerzo, la acción sin agitación	67
Pasado y futuro son desde el presente	71
Dejándose ser, dejándose estar	72
Técnicas de relajación	73
Relajación para estabilizar la mente	75
La ciencia de apreciar lo que se tiene	78
Aprender a pensar y a dejar de pensar	79
El secreto está en parar	84
Ya se ha llegado	88
Las cuatro vías de meditación	91
La vía de la quietud	91
Cortar de raíz los pensamientos	95
La vía de la percepción	98
Atención a las sensaciones	99
La vía de la visualización	102
La vía de la devoción	104
La mente, universo secreto	107
Renovar la mente	107
La mente sana	109
Desarrollando los estados sublimes	117
Apéndices	119
Lo que se debe hacer	119
Lo que no se debe hacer	121
Glosario	123
Bibliografía	126

Enfrentarse con lo desconocido

Desde la más remota antigüedad los seres humanos se han enfrentado al misterio de la vida, que se vuelve más misterio porque acaba en la muerte. Se viene a la vida para abandonarla y aunque no existen elixires para la inmortalidad, sí se pueden adoptar actitudes para aprender a aceptar lo inevitable con menos dolor, superar el miedo a la muerte y aprender a vivir con más sentido de la solidaridad, la plenitud y la verdad.

El ser humano se enfrenta a la vida sin saber cómo vivirla o no la vive con la sabiduría suficiente. Mientras las mareas suben y bajan, las criaturas nacen y desaparecen, los hombres de todas las épocas han tratado de burlar o superar la muerte; han soñado, de manera constante, con llegar a conseguir el elixir de la inmortalidad y a pesar de los sinsabores cotidianos, la mayoría de los seres humanos se niegan a abandonar el mundo. Con frecuencia se teme vivir pero mucho más asusta la muerte; aunque la vida se sienta como una carga o como una pesadilla, el ser humano se aferra a ella.

Ha habido yoguis con tal poder de manipulación sobre su propia biología que han logrado suspender su funcionamiento corporal cuando el cuerpo estaba deteriorado; se provocaban la muerte lúcida.

El yoga ha sido el precursor de la ciencia psicosomática, al descubrir los antiguos yoguis que el cuerpo y la mente están estrechamente interconectados.

La biología es una fuerza tan poderosa que siempre busca el modo de sobrevivir; ha instalado tanto en el ser humano como en el animal el terror a la muerte.

La aventura de vivir

Excepto por los místicos, santos o personas muy evolucionadas, la muerte siempre ha sido contemplada en Occidente como un mal terrible. Se la ha revestido de un carácter tenebroso y lúgubre, al intentar ignorarla incluso se ha ocultado y disimulado. Los asirios y los babilonios ya estaban obsesionados por la muerte aunque mucho menos que los egipcios a quienes no preocupaba solamente la muerte física, sino el viaje tras la muerte.

Los griegos tenían una marcada tendencia hedonista y sensorialista que les hacía rechazar la idea de la muerte, mientras que para los órficos –seguidores del culto iniciático a Orfeo– la muerte no era más que un mero trámite: se abandona el cuerpo gastado para emprender otra forma de existencia más plena. Los romanos, no demasiado aficionados a dedicar tiempo a la práctica de la reflexión filosófica, no gustaban del recordatorio de la muerte ni menos aún de la muerte misma.

A lo largo de la historia de Occidente la muerte ha sido considerada como inevitable. La propia muerte se contempla como una espantosa calamidad y la de los seres queridos como una fuente de inmenso dolor. Incluso los pueblos más consistentes en sus creencias religiosas la han temido y han visto en ella una implacable enemiga.

Según las culturas y las latitudes, la muerte ha sido contemplada de uno u otro modo por el ser humano, pero siempre ha resultado un misterio insondable.

Al alcance de la mano

En Oriente, el sentido de la muerte ha sido diferente, porque siempre ha estado al alcance de la mano y de la vista; muerte y vida han convivido codo con codo en los países orientales a lo largo de los siglos. La muerte no tenía carácter fúnebre sino que se contemplaba como una cosa natural que formaba parte de la vida. Todavía existen lugares, como Bali (Indonesia), donde se festeja la muerte. Y en el día de la incineración se celebra una animada fiesta durante la que los familiares y deudos del muerto ríen, comen y beben con entusiasmo.

Tanto en Oriente como en Occidente se ha indagado sobre la importancia de las realidades ocultas tras la realidad aparente y se han buscado enseñanzas, métodos, claves místicas, mapas espirituales y procedimientos para vivir mejor. Así se ha conformado y perpetuado desde la noche de los tiempos el arte del bien vivir ; es decir, tratar de poner las condiciones para una vida más armónica, pacífica y plena. Y también para una muerte sabiamente aceptada y más apaciblemente experimentada.

La contemplación mística

Algunas culturas místicas, como la del yoga, la de los budistas y los tibetanos, se han tomado muy en serio el ensayo de métodos para poder adoptar una actitud más sabia ante el proceso de la vida, que no excluye jamás el proceso de la muerte. Infinidad de yoguis, monjes budistas y lamas tibetanos han muerto en meditación, de la misma forma que muchos santos lo han hecho en contemplación mística.

Existe en este sentido un legado psicológico, místico y espiritual muy notable que representa una inextinguible sabiduría perenne, tan aplicable hoy en día como lo fuera antaño y que, afortunadamente, muchas personas con inquietudes están tratando actualmente de reconducir y rescatar. Estas enseñanzas tan excepcionalmente valiosas se han perpetuado con desigual fortuna; sin embargo, en Oriente han sido transmitidas ininterrumpidamente de maestros a discípulos hasta nuestros días.

Hay que vivir y hay que morir

Es muy importante la conjunción de conocimientos de Oriente y Occidente para el crecimiento espiritual del ser humano, porque esa amalgama de ideas sobre la vida y la muerte facilita el camino hacia la madurez interna. Por suerte, mentes sin prejuicios y muy inteligentes, tanto de Oriente como de Occidente, están recogiendo lo mejor de las tradicionales sabidurías y psicologías de uno y otro hemisferio, coordinándolas con exquisita sensibilidad.

Grandes pensadores occidentales se han interesado por la mística y la sabiduría de Oriente; entre los Schopenhauer, Pierre Loti, Victor Hugo, Lamartine, Romain Rolland, Jung y tantos otros.

Profesionales aventajados del psicoanálisis y la psicología occidentales están ayudándose en la actualidad con los métodos más antiguos de la tradición de los yoguis, los monjes budistas, los lamas tibetanos y los filósofos taoístas. Este encuentro de filosofías y culturas debe ser acogido con entusiasmo porque ayuda a aliviar el sufrimiento humano e, incluso, humaniza al hombre.

Personas que conocen métodos de meditación de relajación están dispensando especial asistencia a los moribundos; del mismo modo se proporcionan iguales técnicas a los ancianos quienes encuentran en ellas verdadero bienestar, aunque todavía les queden muchos años por vivir.

Hay que vivir y hay que morir. Por eso es tan importante recurrir a todas aquellas enseñanzas prácticas que puedan prestar al ser humano un apoyo para proseguir con la aventura de la vida y enfrentarse a la proeza de la muerte.

La vida es mucho más que una sucesión de acontecimientos. Se vive con esa cualidad misteriosa y conquistada por el ser humano en la evolución de la especie que es la consciencia. Ésta permite saber y saber que se sabe, percibir y percibir que se está percibiendo, atender y poder estar atento a la propia atención. Sin embargo, la consciencia en el ser humano es todavía crepuscular; es decir, tiene más de inconsciencia y mecanicidad que de consciencia y lucidez: es una consciencia en la penumbra que se debate en un juego de luces y de sombras, contradicciones y conflictos.

El aprendizaje de la vida

Se puede aprender a vivir más armónicamente, sin tantos desvelos y tribulaciones inútiles, sin generar fricciones innecesarias y desdichas gratuitas, instrumentalizando la vida para fomentar belleza, amistad, amor y sabiduría. Se puede aprender a tomar la vida como un guía transformador que ayuda a desarrollar la consciencia y avanzar en el camino de la evolución interior. Y también es posible conseguir una actitud que permita un vivir más equilibrado y pleno, con mayor serenidad y firmeza; saber desplazarse del desorden a la virtud, de los feos automatismos psicológicos a la lucidez del entendimiento.

La consciencia semidesarrollada o crepuscular origina que los seres humanos vivan en una especie de trance consensuado, como indica el psiquiatra Charles Tart.

Es posible aprender a vivir de la misma forma que se puede hacer de la vida un instrumento valiosísimo de aprendizaje, comenzando por adoptar una actitud más correcta y más equilibrada, con sosiego. Así, se alejarán las desdichas propias y ajenas y habrá menos sufrimiento y menos reacciones egocéntricas.

El aprendizaje debe continuar ejercitándose hasta ver los hechos como son, modificándolos solamente para mejorar desde el equilibrio. Es conveniente cambiar los modelos de conducta mental que engendran angustia y neurosis; hay que desarrollar la consciencia poniendo en marcha los recursos anímicos internos. Es muy positivo enfrentarse a las circunstancias externas y a nuestros temores internos, disciplinándose en el arte de vivir desde el pensamiento correcto, fomentando estados mentales alegres, valorando lo genuino y dejando a un lado la codicia y el odio.

El inconsciente es un depósito de acumulaciones donde reina la anarquía, la incongruencia y el caos; todo ello se impone a menudo al individuo y le condiciona.

Compañeros de viaje

¿Se puede aprender a morir? ¿Es imposible enfrentarse a la enfermedad y a la muerte –propia y ajena– con mayor serenidad y equilibrio? La respuesta es rotundamente sí, siempre que se intente comprender el fenómeno de la muerte, lo que exige entender también el fenómeno de la vida; aceptar el hecho inevitable del morir, saber desprenderse del ego, de los seres queridos, de las posesiones materiales, del anhelo de supervivencia, del propio cuerpo y, por último, utilizar métodos y técnicas previamente bien aprendidas y desarrolladas, para poder mantener el ánimo más sereno.

Los ciudadanos del mundo vivimos la descomposición de las instituciones políticas, sociales, religiosas y hasta humanitarias. Se agrede sin piedad a plantas y animales; el mundo está dominado por la voluntad obsesiva de poder y manipulación. Éstas son algunas de las razones por las que un tanto por ciento elevado de la población padece depresión y otro porcentaje no menor pasa su tiempo vencido por una melancolía depresiva.

Contra este loco modo de estar en el mundo existe una forma diferente de vivir. Algunos ya la han encontrado sin que hayan tenido que renunciar al mundo, simplemente rechazando la ofuscación de la mente. Para conseguir este estado no es necesario aislarse en la montaña, sino cambiar de actitud optando por una forma de vivir menos neurótica, más expansiva y menos obsesiva.

AL COMPÁS DE UN MISMO PROCESO

La muerte, esa gran desconocida, domina el mundo con su inmenso poder. Poseerá a las personas en uno u otro lugar, solas o acompañadas. Cuando eso ocurra no será mañana, será hoy porque la muerte siempre sucede hoy. Coquetea con la vida y nunca se concede un descanso. A veces el ser humano está de tal manera imantado por los objetos que posee que se abstrae por completo de la realidad de la muerte y pierde la consciencia de su inevitable finitud.

Vida y muerte se complementan y forman parte de un mismo proceso. Algunas personas piensan excesivamente en morir mientras que otras se evaden de la muerte intentando ignorarla. Nadie quiere morir, ni siquiera los que se sienten más desafortunados. Sólo los que están muy afectados por el abatimiento, dominados por un sentimiento de unidad mística o aquellos que ya han conseguido liberarse de toda atadura no sienten terror ante el final.

La mayor parte de la humanidad vive engendrando sufrimiento personal y colectivo, además de sembrar el planeta de errores. Todo el mundo vive con urgencia y ansiedad, en una competencia llena de altibajos anímicos muy pronunciados.

Las ideologías afectan a los hombres de una manera despiadada y se vive bajo unos códigos narcisistas y una agresividad a flor de piel. La tecnología está al servicio de la destrucción y la insensatez está acabando con la madre Tierra.

Sin embargo, el común de los mortales se espanta; la propia muerte crea una angustia increíble y la de los seres queridos un inmenso dolor. Se olvida que se muere a cada instante, que nacer es comenzar a morir. La energía que anima el cuerpo se retira cuando ya gastada tiene que desprenderse forzosamente de él. Antes o después se duerme para no volver a despertar.

La muerte en soledad

¿Por qué en todas las culturas, desde siempre, se ha temido a la muerte?. Sencillamente porque representa el final de lo conocido, la ruptura del vínculo con seres y cosas. No asusta tanto lo que pueda haber tras la muerte como el dejar lo que se tiene en esta vida. además, nadie puede morir por otro. La muerte debe ser afrontada por uno mismo, en soledad; es el acto ante el que el ser humano se encuentra más solo en toda su vida.

Sobre la muerte se pueden afirmar varias cosas: es segura, irremediable, sucederá hoy y no mañana de forma imprevisible, se muere en soledad y cada uno será el protagonista de su propio fin. Así es la muerte. Al nacer –decía un maestro de la India– ya somos cadáver.

Los animales también temen a la muerte pero no como idea, por tanto no la anticipan. No mueren veinte años antes de morir pensando en el horror de la muerte; el animal la teme porque es la respuesta instintiva de su biología por sobrevivir. En el ser humano el miedo al final es infinitamente mayor porque está potenciado por el pensamiento. De hecho, muchas de las personas que se obsesionan con la muerte amargan años de su vida, por muchos que les quede por vivir. Tan irracional es el pensamiento obsesivo de la muerte como el miedo a no pensar en ella. El recordarla, si no se es hipocondríaco, es de gran beneficio y colabora en el crecimiento interior.

La tanatofobia es un trastorno neurótico bastante común en Occidente y que representa un gran temor a la muerte, incluso obsesivo y no de fácil reparación.

Aunque la vida y muerte forman parte de un mismo proceso de existencia, lo cierto es que una y otra nunca se encuentran y como declaró Tertuliano, 'donde yo estoy no está la muerte y donde está la muerte no estoy yo'.

El aceptarla positivamente hace que se potencie la vida, que se pueda llegar a ser más humilde y que cada instante se viva intentando que todo tenga un sentido diferente. Pensar en la muerte con el pensamiento dispuesto a aceptar la vida supone vivir más y mejor el aquí y el ahora, sin prejuicios y sin autodefensas narcisistas.

Una persona capaz de comprender que todo pasa, que sabe coger pero también soltar, aceptará la muerte mucho mejor y será capaz de enfrentarse mucho mejor a ella. Este enfrentamiento requiere un cambio de actitud mental. Si se consigue una nueva manera de pensar y percibir las cosas, la muerte no tiene que inspirar terror; se convertirá en algo familiar y se vivirá cada instante como si fuera el último y si no lo es, mucho mejor.

La meditación, una muerte positiva

Del mismo modo que se puede adoptar una actitud mental ecuánime ante la vida y que hay técnicas de aprendizaje para saber vivir mejor, también es posible aprender a mirar la muerte sin temor. Pero para cambiar de actitud es necesario la puesta en práctica de un serio trabajo que haga modificar códigos y condicionamientos personales.

Hay que prepararse con tiempo para morir y vivir bien. El cambio de estructura mental, una actitud de integración y falta de pasión, junto a firmeza interior, ayudan a vivir mejor, a soportar mejor la enfermedad y a aceptar la muerte propia y ajena. Es sabio aferrarse a la vida mientras hay posibilidades de disfrutarla, pero cuando el cuerpo se convierte en una calamidad es mejor irse y descansar.

Los sabios de la India dicen que todas las noches se muere al entrar en el sueño y perder la consciencia. También enseñan que la muerte definitiva es un día que no se sale del sueño.

Camino de la perfección

El individuo es capaz de buscar la perfección y mejorar, puede, así, evolucionar en muchos sentidos. Esto ya lo sabían los yoguis hace más de cinco mil años y hoy lo mantienen los psicoanalistas humanistas, los psiquiatras transpersonales y los psicólogos de la realización. De la misma forma que existe una gimnasia para el cuerpo, existe una sutil y sabia gimnasia para la mente que no es más que un entrenamiento psicomental que permite la transformación de los condicionamientos negativos y la reeducación psicológica.

Mediante la educación interior se superan carencias emocionales y patrones erróneos de conducta moral, para obtener una visión más acertada de la vida. La meditación es una pieza clave en el cultivo interior y la reeducación psicológica: representa una pequeña muerte entendida en el sentido más positivo ya que durante unos minutos se mata el ansioso *ego-simiesco*, se desarrolla la ecuanimidad y se libera la mente de ataduras. Es un arte de vivir, pero que enseña a aceptar la muerte sin un desproporcionado dolor y sin excesivo miedo.

Yoga, la primera psicología del mundo

El yoga es un método de perfeccionamiento, el precursor de la ciencia psicosomática. Se trata de una verdadera psicología de la realización que actualiza todos los potenciales del ser humano. En el yoga hay medicina natural, mística, filosofía, metafísica y, sobre todo, un impresionante conjunto de técnicas psicofísicas y psicomentales para el desarrollo del ser humano, su integración anímica y su perfeccionamiento.

Es básicamente una actitud ante la vida basada en la no-violencia, en la lucidez, la sabia ecuanimidad, el sosiego, la alegría y el sentido de interdependencia. Es, en definitiva, una escuela de vida.

Los yoguis consideran que la energía es la creadora de todas las formas y sonidos. Esta energía anima a todos los seres y en el ser humano se presenta como fuerza vital que hace posibles todas las operaciones físicas, mentales y emocionales. Es la fuerza que sustenta la unidad psicosomática e incluso las células y las partículas subatómicas. A esta fuerza se le llama *alimento vital o prana*. Nos toma al ser concebidos y nos deja con la muerte. El yogui aprende a incrementar y dirigir con sabiduría esta energía, porque sabe muy bien que es la energía básica de toda vida.

El yoga considera que el ser humano es un universo en

miniatura, también llamado microuniverso y que en tanto se viva es necesario poner las condiciones para que no se rompa el equilibrio y sobrevenga la enfermedad.

Por eso es tan importante saber vivir en armonía con uno mismo y con los demás, ya que la mayor fuente de armonía es el amor y la mente lúcida. La vida tiene sentido si se logra, a través de ella, mejorar, hacer más felices a los demás y colaborar con ellos, evitar tristezas y desdichas innecesarias y pasar por ella haciendo el menor daño posible.

En todas las épocas han existido seres humanos con inquietudes filosóficas o metafísicas que han buscado el sentido de la vida.

La senda de la consciencia

El bien más preciado es la consciencia, porque si el hombre sabe desarrollarla llega a vislumbrar una realidad que le trasciende. Para aprender a vivir es conveniente hacer examen de conciencia, reflexionar sobre uno mismo e ir superando los cinco obstáculos básicos que empobrecen la vida de los hombres. Éstos son:

– el deseo incontrolado
– el odio y la ira
– el egocentrismo excesivo o el culto a la propia personalidad
– la ansiedad, que puede llevar a despreciar a los demás, a ignorarlos, herirlos o matarlos
– la ofuscación o desvarío mental, fuente de innume-

rables males individuales, colectivos y de todo tipo. Hasta los animales y las plantas son víctimas de la ofuscación humana.

El sentido más grande que se le puede proporcionar a la vida es reconocer la propia naturaleza original, más allá del ego y la personalidad, y así conectar con lo inmenso. En esa naturaleza original existe el sosiego, la compasión, la benevolencia y el bien vivir. El que se instala en su naturaleza deja de temer la vida y, por tanto, no tiene miedo a la muerte.

Muchos yoguis se han despedido apaciblemente de sus compañeros, se han extendido como si durmieran y así han muerto pacíficamente. Otros han logrado perder la identificación con su propio cuerpo de tal forma que, incluso con dolores atroces, no han dejado de sonreír; algunos, aun en estado terminal, han proseguido viviendo la vida sin perder el sentido del humor y meditando hasta el último momento.

Las técnicas de concentración, meditación y visualización, como las de relajación profunda, juegan un destacado papel para poder asumir con menos tensión y malestar la enfermedad y la agonía, pero hay que entrenarse en ellas durante un tiempo.

En Occidente hoy día muchísimas personas se están sirviendo de estos métodos de meditación para soportar más armónicamente la enfermedad, incluso cuando ésta ya se encuentra en estado muy avanzado, hasta que la consciencia desfallece antes de morir.

La meditación es como una especie de operación quirúrgica de la mente, utilizada para erradicar los condicionamientos negativos que la ofuscan.

Buda, el más grande de los yoguis

Las cuatro vías de meditación –quietud, percepción, visualización y devoción– contienen métodos para aprender a vivir y aprender a morir. Todas estas técnicas tienen que aplicarse y practicarse aunque se esté perfectamente sano; se puede recurrir a ellas cuando la enfermedad llega.

El yogui entre los grandes yoguis fue Buda. Nació en el Norte de la India hace dos mil quinientos años, pero sus métodos de integración y liberación de la mente continúan siendo de tanta aplicación hoy en día como antaño. Buda fue un príncipe que renunció a la vida palaciega para dedicarse durante años a la búsqueda interior y a la emancipación espiritual. Él mismo enseñó a morir a su padre y a su esposa. Algunos de los métodos de meditación que practicó –y que en este libro se recogen en la vía de la percepción– son muy válidos para las personas gravemente enfermas.

Sendero de liberación

Para Buda, se genera tanta desdicha en esta vida porque la mente la engendra y luego esta desdicha trasciende a la relación y a la humanidad. Todo tiene su fundamento en la mente y sólo liberando ésta de ataduras se podrá vivir más felizmente compartiendo la dicha con los demás. Buda habló de dos tipos de sufrimiento: el inherente a la vida y por tanto inevitable, y el que gratuitamente, por ignorancia y confusión, provoca estúpidamente el ser humano. Buda proporcionó un sendero de liberación para el hombre que comprende actitudes éticas, métodos de meditación y cultivo mental, además de procedimientos para desarrollar la sabiduría que pueden librarle de la ofuscación y, por tanto, de la desdicha, el odio, el apego y la ira.

Viviendo paso a paso

Pasa casi desapercibido, pero el proceso de vivir es mucho más interesante y enriquecedor que la propia meta. Aunque no se llegue se emprende el camino; cada instante es el logro y cada paso, la vida. El ser humano se angustia y por eso le pasa desapercibido el viaje hacia la meta. La obsesión por los resultados es tan fuerte que no se valora el aquí y el ahora. En una palabra, se busca la llave de la felicidad donde no puede hallarse.

No se vive por la influencia de las circunstancias del exterior y se pierde a cada momento la consciencia de ser y de existir. Es conveniente vivir la vida paso a paso, porque cada paso tiene su interés y su mensaje, no es un paso más sino un paso único.

Encontrarse con uno mismo

Todo pasa y todo cambia, pero la actitud de claridad y ecuanimidad puede mantenerse siempre. Aun en las situaciones más difíciles se debe mantener la calma, meditar y ser justos, porque aunque exista ansiedad y cansancio es posible encontrar unos instantes para estar con nosotros mismos, sacar provecho de la soledad y guardar silencio. No existe energía más poderosa que la del silencio, ni soledad más fecunda que la que se asume y se instrumentaliza para crecer.

Sin afán de superación, la vida puede convertirse en un desierto y sin compasión y amor, la vida es árida y desapacible. Con fricciones, discusiones y odios, la vida se convierte en un infierno.

En silencio y soledad la energía brota y se apodera de las personas, es como una sabia mano invisible que puede servir de guía. En ese momento puede manifestarse la naturaleza íntima más auténtica. Incluso no se debería estar siempre hablando por hablar, haciendo de un precioso instante de silencio un ruidoso vacío. Buda aconseja que si nada puede mejorar el silencio, mejor es no decir nada.

Viviendo paso a paso, sin odio entre los que odian y calmados entre los que se agitan, se puede descubrir la realidad profunda de la existencia. Existe una energía dinámica que todo lo abarca y cuando se logra conectar con ese proceso cósmico de vida, más allá del pensamiento desatinado, se consigue vivir con una actitud diferente con la que encajar la enfermedad y la muerte. En este proceso de vida personal y transpersonal, remite el ego y se abren ventanas insospechadas a lo incondicionado.

Luces y sombras

Cada ser humano tiene su forma de vivir, su temperamento y su carácter. Hay personas que tienen tendencia a la actividad y son impulsivas; otras, son indolentes y apáticas pero cada una es un mundo que pretende llegar a la cima.

Esta cima puede llamarse iluminación, felicidad, integración, etcétera. La palabra es lo de menos, porque la cima es la cima. Nada tiene que ver con los logros externos; de ello ya se ocupa toda esa pseudoliteratura que se escribe para lograr el triunfo social y económico. Alcanzar la cima supone una sensación plena de ser, que es lo más cercano a la felicidad; es una cima que representa la liberación de la mente de sus innumerables cadenas, códigos negativos y estrechos puntos de vista.

No se debe ser comparsa en este variado escenario de la vida. Se puede ser uno mismo y hallar la fuente interior, aunque la mente, con sus impedimentos y falta de claridad, puede llegar a enloquecer. Ni siquiera ella sabe lo que desea. Es el suyo un juego de luces y de sombras repleto de creaciones disparatadas.

Sólo en la medida en que se trabaja para liberarse de impedimentos mentales y psicológicos se va apreciando la vida tal cual es; se recupera una perspectiva diferente de los acontecimientos.

Cualquiera que sean las creencias de una persona, el trabajo de autodesarrollo se basa siempre en la triple disciplina: entrenarse con auténtica moralidad, hacerlo mentalmente para superar los grilletes de la mente y entrenarse para desarrollar la sabiduría.

La antigua instrucción mística de la India declara: 'Aunque muchas son las laderas una sola es la cima'. La última realidad es la misma para todo individuo.

La mutación de la consciencia

En la medida en que se van superando los viejos esquemas mentales y se cambia la actitud interna, vida y muerte se aceptan y afrontan de una manera distinta.

Más allá de la mente subconsciente hay otro tipo de mente superior que representa otra dimensión del ser: es la mente sabia y desarrollada.

La aventura de vivir adquiere su sentido más fecundo si concierne también al desarrollo de la consciencia pero, además, la evolución de la consciencia representa un aporte extra de sabiduría y paz para vivir mejor. Como esa consciencia se conserva hasta el momento de morir, ayudará a ser más firmes y ecuánimes durante la enfermedad y la muerte.

Se vive paso a paso pero se muere en uno solo de esos pasos, por eso es importante conocer que morir es nacer a otra forma de existencia: el proceso cósmico de la vida prosigue.

Si vivir bien es más que una aventura un gran logro, morir bien supone la más heroica de las proezas. Sólo aquellos que han hecho un formidable trabajo interior para cambiar y liberar la consciencia contemplan la vida como fenómeno igual a la muerte o, dicho de otro modo, muerte y vida son un mismo proceso y no temen ni a la vida ni a la muerte porque saben muy bien que son las dos caras de una misma moneda.

Resulta evidente que la persona que ha reducido su ego y se halla en un menor apego y apasionamiento acepta mejor la muerte, como es el caso de yoguis, monjes budistas, lamas, cartujos y trapenses.

Un cielo dentro del hombre

Uno de los más sabios discípulos del gran maestro y yogui Buda cuando estaba a punto de morir escribió el siguiente poema:

"No me alegro de morir,
no me alegro de vivir;
como el jornalero recibe su paga,
abandono este mundo."

Poco después murió apaciblemente, envuelto en su túnica anaranjada de monje, con la delicadeza de una hoja que se desprende del árbol.

A cada instante se muere, a cada momento se renace. La cuerda de la vida va agotándose lentamente, pero el recordatorio de la muerte no debe entristecer a nadie porque sirve para ensalzar la vida. Como dijo el escritor indio Kipling vivir significa "llenar el minuto inolvidable y cierto en sesenta segundos que nos lleven al cielo"; ese cielo que está dentro de nosotros.

Los códigos evolutivos, propios de la especie, y los códigos psicológicos, que conforman la historia personal, determinan el sentir y el vivir de la persona.

Seguir la senda de la vida

Se puede aprender a vivir, y a cultivar la mente, si el individuo es capaz de sentir con fuerza la armonía y de poner en ella salud y equilibrio. Existen caminos que conducen a la sabiduría de la misma forma que existen antídotos para combatir la ofuscación tales como la generosidad y el amor.

Toda persona arrastra códigos evolutivos y condicionamientos psicológicos. El ser humano es un eslabón más en la cadena de evolución. Su cerebro no sólo contiene el esquema del mamífero moderno; el desarrollo de la consciencia, que gana terreno a los automatismos de la evolución, se puede descodificar y superar así los códigos ya innecesarios.

Desde el momento en que el ser humano es concebido comienza a recibir impresiones; de adolescente va absorbiendo experiencias –muchas de ellas traumáticas–, represiones, adoctrinamientos, patrones de conducta y mensajes contradictorios que van conformando el edificio de su personalidad y su ego.

Las experiencias desafortunadas van dejando profundas heridas en la psiquis y en la mente se va acumulando material de todo tipo, a menudo inarmónico y confuso. Se origina así un núcleo de caos y confusión que puede llegar a originar trastornos somáticos y psíquicos. Ese núcleo caótico y confuso representa un estancamiento en la evolución y una ausencia de integración.

Mejorar consiste en ir superando obstáculos para intentar ser más libres, hasta llegar a dominar el ego desmedido. Es necesario desprenderse de la presunción, la autosuficiencia y el falso amor propio, que no tiene que ver con el amor verdadero. Nada hace a la persona más frágil que el narcisismo y nada le podrá doler tanto como las heridas que deja. En definitiva, se debe vivir combatiendo el ego para conseguir el auténtico desarrollo interior.

Crecer interiormente

Es primordial seguir con orden y precisión la senda de la vida sin generar fricciones innecesarias: no hacerse daño a uno mismo ni a los demás. Con sabiduría no hay reacción y sí acción correcta desde la paz interior y no desde la agitación o el desgarramiento: cuando no hay sabiduría, la mente se pierde en sus propias creaciones y proyecciones, distorsionando lo que percibe y elaborando pensamientos, palabras y actos que, a menudo, están dictados por la ofuscación.

Para conseguir superar esa obcecación el ser humano dispone del trabajo interior; trabajo personal que representa un duro esfuerzo que aporta al final una espléndida recompensa. Este trabajar desde dentro de uno mismo lo emprenden las personas que aspiran a evolucionar y que ponen los medios para desarrollarse y crecer interiormente; avanzan así en la evolución de la consciencia y aprenden a vivir con otra actitud y, desde ese plano, aprenden también a contemplar la muerte con un nuevo enfoque.

Este trabajo se orienta bajo las sabias directrices de aquellos que recorrieron la vía de la inteligencia primordial, de los que trabajaron pacientemente desde dentro de ellos mismos para desarrollar la comprensión y ver las cosas tal y como son hasta donde sea posible; se busca la huella de los que creyeron en la evolución de la consciencia, acrecentándola de manera gradual, para despertar a realidades que pasan normalmente desapercibidas, superar las estructuras mentales habituales y reorganizar la vida psíquica en un estadio superior, más armónico y saludable. En definitiva, dar claves con el fin de mejorar el comportamiento cultivando actitudes internas provechosas.

De esta forma, y partiendo de la comprensión intelectual, sigue un adiestramiento interno para desarrollar una comprensión de orden superior, haciendo posible el autoconocimiento mediante prácticas y técnicas de autodesarrollo e integración, tales como la meditación.

La inteligencia primordial está empañada por el pensamiento que, cuando es ofuscado, malévolo y ávido, se torna en un instrumento para dañar y dañarse a uno mismo.

El cultivo de la atención

El trabajo interior es un aprendizaje para la vida y para la muerte porque se van poniendo las condiciones para que se produzca una mutación psicológica positiva. Es un sendero de autorrealización y no de potenciación del ego.

Se trata de cultivar metódicamente la atención. Ésta dispone de una gran energía liberadora. Consiste en salvar la mente de negatividad, de entrenarse en el verdadero amor consciente –en las antípodas del amor egocéntrico– e instrumentar todas las circunstancias vitales.

La avidez, en todas sus formas, ha creado perturbaciones sociales. Una mente codiciosa no tiene reparos para conseguir lo que desea: es una mente compulsiva y voraz que no sabe cooperar ni es capaz de entender que todas las criaturas son interdependientes. Poco se puede esperar de una mente que funciona con esos esquemas porque está abocada al afán de posesión, vive de espaldas a lo más hermoso de la existencia y ni siquiera es consciente de las prioridades esenciales de la vida.

Una mente con estas características es incapaz de entender que es vital conseguir la paz interior –sin paz no hay posibilidad de disfrute–, gozar de buena salud física –el cuerpo es un instrumento necesario para la vida cotidiana– y mantener unas óptimas relaciones con los seres queridos.

Por un fenómeno que los maestros orientales denominan *maya*, ilusión existencial, se tiende a magnificar lo trivial y a trivializar lo esencial, sin valorar las prioridades anteriormente expuestas. Es muy importante el tenerlas muy presentes en el aprendizaje de la vida porque después serán muy útiles en la verdad de la muerte. Hay que aprender a desprenderse de casi todo porque si no ¿cómo se las va a arreglar una mente ávida cuando llegue el momento de la muerte y no sepa abandonarlo todo porque en su vida no ha hecho otra cosa más que asirse compulsivamente a las cosas?.

Un ser humano es un conjunto de agregados o centros: físico, sexual, emocional, mental... El trabajo integral consiste en potenciar las energías y funciones de los diferentes agregados.

Un amor que anula

El odio es una de las emociones negativas más peligrosas porque puede tener tanta fuerza como el amor, pero siempre se vuelve contra uno mismo y en lugar de ser bálsamo es veneno. Es la emoción más estúpida, puesto que se sufre por la persona odiada, cuando hay tantas cosas buenas en las que gastar mejor nuestro sufrimiento.

Nadie que odie puede estar equilibrado psicosomáticamente porque se pasa la vida fortaleciendo lo que quiere evitar y originando tensión y malestar añadidos. Avaricia y odio deben contrarrestarse con la generosidad y la compasión. En la medida en que se adquiere sabiduría comienzan a surgir el desprendimiento y el amor; el *yo* comparte con el *tú* y no sólo existe *lo mío*, sino *lo tuyo* y *lo nuestro*.

Todos los seres humanos forman una red. La cooperación es un elemento primordial y será tanto más genuina cuanto mejor psicológicamente se encuentre la persona.

Envejecer madurando

Al amanecer sigue el ocaso como a la vida sigue la muerte; se envejece y raras veces se aprende a madurar. La experiencia de la vida por sí misma no ayuda a crecer interiormente, salvo que se elabore a la luz de la consciencia y se instrumentalice para desarrollarse y evolucionar. Existe una fuerte resistencia a asumir responsabilidades; a menudo parece que no se está en el ambiente más adecuado para conseguir el crecimiento interior, pero se debe trabajar con realidades y no con supuestos: hay que intentarlo en cualquier circunstancia por la que se pase. Nadie afirma que la vida sea sencilla y no entrañe sus dosis de dolor, pero se puede estimular una actitud adecuada para enfrentarse a las circunstancias adversas sin dejar ni un resquicio al desánimo e incluso aprovecharlas para desarrollar una comprensión vital profunda.

Hay que madurar para salir del estancamiento interior, resolver los conflictos internos, conciliar contradicciones y hallar la fuente interna del bienestar. Aunque las experiencias de la vida lleguen a ser negativas se puede mantener interiormente un espacio reservado para la paz y el equilibrio; así cuando los acontecimientos externos sean dolorosos o difíciles, todavía se puede ejercer poder y control sobre el yo interno.

Si se envejece sin crecer interiormente, el bienestar no llegará con el paso de los años, sino al contrario. Al envejecer se van instalando en el ser humano los miedos, apegos y paranoias: sentirá más soledad y surgirá un estado de angustia al comprobar el debilitamiento de las energías naturales; aumentarán así el desencanto y la insatisfacción.

La vida es el gran maestro

Los seres humanos con inquietudes se preocupan por el sentido de la existencia. Filosofía, religión y ciencia no aciertan con la respuesta. Por eso no parece demasiado sensato seguir preguntándose sin intentar antes hallar las respuestas internas. La lógica no tiene todas las claves, pero lo que sí es cierto es que donde las ideas acaban comienza la experiencia y donde las ideas finalizan empiezan las vivencias.

Pero ¿tiene la vida algún sentido? Uno puede hacer de su vida un jardín y otro, un estercolero. Uno puede ponerla a favor o en contra de los demás y puede valorarla y aprovecharla para superarse. También puede convertirla en una simple fuente de pesadumbre. La vida no es nada fácil, por eso es tan buena maestra.

No se trata de lo que la experiencia haga del ser humano, sino de lo que el ser humano logre hacer con la experiencia que la vida le reporta. Dependiendo de ello, se crece o no interiormente.

Aprender a conocerse

La vida, llena de problemas y pesadumbre, es un instrumento de desarrollo. La energía de la vida puede utilizarse para el bienestar o para el malestar. Aunque a menudo no se pueda controlar la vida exterior y sus situaciones, sí es posible ser los propios artífices de la vida interior.

No hay mayor sentido para la vida que poner los medios para mejorar y completar la evolución interior; recordar que no sólo se pueden encontrar las respuestas a través de la mente, sino que también están implícitas en el autodesarrollo. Si se da a la vida este sentido, es fácil aprender a vivir en la medida en que se hace de ésta un laboratorio de crecimiento.

Buda decía que si cuando clavan a un hombre una flecha emponzoñada, éste empieza a preguntarse de dónde viene la flecha sin dejar que se la quiten, quién la disparó y por qué, morirá antes de responder a todas las preguntas.

Como la mente es el fundamento de todo y como a diario antes de encontrarse con nadie cada cual se encuentra consigo mismo, es muy importante mirarse hacia dentro, para después ser capaces de mejorar el entorno.

A la realidad tal cual es, el ser humano superpone la percepción, la interpretación y la imaginación, por lo que al final lo que ve no es lo visto.

Qué dirán los demás

A menudo el individuo se comporta como una mujer que emprendió una insensata búsqueda. Estaba dando vueltas alrededor de un farol y un transeúnte que pasó a su lado preguntó:

– Buena mujer, ¿qué buscas?

— Una aguja que he perdido en mi casa.
— ¿Por qué no la buscas allí?
— Es que allí no hay luz.

No se puede encontrar fuera del individuo lo que sólo habita en su interior. Por eso, para aprender a vivir, hay que aprender a conocerse. El individuo es el artífice de su mente y nunca es tarde para ejercitarla y aprender a vivir.

Una anciana estaba muriéndose y cuando le preguntaron qué haría si pudiera volver a empezar contestó: "Todo lo que no he hecho por miedo, por el qué dirán los demás, por falsa respetabilidad, por mantener la compostura o por seguir el patrón de los otros". ¡Qué terriblemente triste!, pero... ¿no es la actitud más corriente?

Cada día debe servir para madurar y no sólo para envejecer. Se puede tratar de transformar la mente y mejorar las relaciones humanas poniendo en marcha las propias fuerzas internas. El cambio llega gradualmente y acaba por aceptarse uno mismo. Desde esa aceptación se van poniendo los medios para el crecimiento y empieza a conocerse uno sin subterfugios ni máscaras.

La técnica de vivir mejor

El esfuerzo de conocerse es un ejercicio necesario porque forma parte de la vida. Hacerse conscientes es un verdadero desafío que exige constancia y valor; constituye la posibilidad real de envejecer ganando en plenitud. La vida hay que vivirla y no dejar que sea ella la que nos devore.

La vida no es técnica pero sí hay técnicas para conseguir vivir mejor. La existencia no se equipara a un frontón con el que es inevitable bregar, aunque a veces sea necesario: saber fluir supone un gesto de sabiduría. Existen normas que pueden ser una guía orientativa. Lo ideal es que cada persona tome de ellas las que mejor se ajusten a su mentalidad.

En cualquier caso siempre es provechoso:
– meditar
– pensar positivamente
– cultivar emociones bellas
– estar atentos
– no caer en los viejos hábitos y patrones negativos de pensamiento
– evitar las reacciones anómalas y neuróticas que alimentan tensiones y conflictos internos
– expresarse sin herir a los demás, sin mentir o criticar injustificadamente
– actuar con lucidez y responsabilidad
– desdramatizar como distintivo de salud mental; la vida también tiene mucho juego
– apreciar cada momento y cada acto, cada situación y cada circunstancia
– hacer las cosas, incluso las más pequeñas y rutinarias, con atención y precisión, con cariño. Prestar toda nuestra atención e incondicionalidad a una caricia, al aroma de una flor, a la persona que está a nuestro lado, a un paseo por el parque, al simple hecho de colgar la ro-

pa en una percha, a contemplar un árbol o a disfrutar de un amanecer.

— no agregar sufrimiento al sufrimiento. Sufrir en la justa medida, pero sin añadir dolor con reacciones anómalas, inútiles desgarramientos, falta de aceptación de lo inevitable, complejos de culpa, autocompasión o conflictos

— instrumentalizar la vida para crecer aceptando lo agradable y lo desagradable, las circunstancias buenas y malas. De todo se puede extraer una enseñanza para desarrollar la paciencia, la ecuanimidad, la visión clara, la madurez, el autocontrol y la compasión

— observarse para conocerse. Sin aprobar ni desaprobar, sin juzgar ni valorar; observarse asépticamente en cualquier momento y situación para llegar a conocerse plenamente

— comprender que una disciplina para la educación mental e interior es aconsejable e inevitable. Así se aprenderá a evitar tanto el apego como el resentimiento, la tensión excesiva y nociva, los autoengaños que impiden llegar a conocerse y apuntalan el neurótico egocentrismo

— cultivar hábitos positivos (internos y externos) y luchar contra el mimetismo

— no sentirse inferior ni superior; ni más importante ni menos que los demás. No caer en la autoimportancia que nos hace tan vulnerables. Asumirse a sí mismo como un ser en evolución, sabiendo que no hay ley más importante que la del amor; que la voluntad de ser es superior a la de tener o poder. Reconocer las propias miserias, pero ir tratando de superar el pensamiento y las emociones de ofuscación, malevolencia y odio

– cultivar el desapego y la generosidad, no demandar una consideración neurótica y no caer en dependencias limitadoras

– no apegarse a juicios, prejuicios y opiniones; evitar estrechos puntos de vista y dogmatismos, aprender de todos, aprender incluso de uno mismo

– valorar por encima de todo la paz interior y la tranquilidad de la mente, para que el sosiego conquistado se pueda compartir con los demás.

El arte de la observación

El viajero se embelesa con las pirámides en Egipto o el Taj Mahal en la India, pero no quiere llevárselos y colgarlos en la pared de su cuarto. Los aprecia y los disfruta pero no se aferra a ellos; incluso deja su mente libre para poder seguir completando y gozando de otras maravillas. El viajero mantiene el ánimo presto, los sentidos abiertos y receptivos; el entusiasmo a flor de piel. Se arriesga, descubre, disfruta y vive. Cada momento del viaje tiene su encanto. El viajero no está obsesionado por lo que verá dentro de dos o tres días, porque eso le impediría contemplar lo que está viendo en cada momento. No acarrea los recuerdos de lo ya visto, porque esas imágenes se superpondrían a lo que está viendo y las distorsionarían. El verdadero viajero tiene una actitud adecuada. Acude y mira; con ello disfruta; se renueva, entona el ánimo, saca fuerzas de flaqueza y no pierde ni la alegría ni la vitalidad. Así es el viajero.

Un buen viaje por la vida

¿Por qué no adoptar la saludable actitud del viajero en el más largo e importante de los viajes: la vida? Sin embargo, el viaje de la vida se vive como turistas fofos y faltos de entusiasmo, con el ánimo atemorizado, mirando siempre al futuro, apegados y atribulados. ¡Qué importante sería trabajar y situarse en la actitud del viajero para el viaje de la vida!

El viajero contempla y observa; es como un sensitivo ojo mágico que nada quiere perderse, pero que al mismo tiempo no deja que le domine el ansia, ni tampoco quiere sucumbir a las obsesiones. Como está muy alerta, aprende a través de la contemplación, se renueva, experimenta y vive. El arte de la observación es muy importante y su energía muy poderosa: ayuda a transformar y superar. ¡Cuánto enseña la observación atenta y tranquila, la llamada observación meditativa! Como ejemplo ilustrativo recordar que mediante la observación Newton descubrió la ley de la gravedad.

El discurso más claro y breve que dio Buda se resume en: 'Ven y mira'. Mirar sin prejuicios, interpretaciones o imaginaciones. Para aprender a mirar así, se requiere un minucioso desaprendizaje.

Mirando al sol

Respecto a la importancia de la observación hay una historia muy interesante de un discípulo que acude a su maestro para pedirle enseñanzas. El maestro le explica: "El gran secreto está en la observación. Nada escapa a una mente observadora y perceptiva. Ella misma se convierte en la enseñanza. Observa, siéntate en la playa y mira cómo el sol se refleja en sus aguas. Permanece observando tanto tiempo como te sea necesario; lo que te exija la apertura de tu corazón y de tu comprensión".

Durante varios días el discípulo se mantuvo en atenta observación sentado a la orilla del mar. Vio el sol reflejándose sobre las aguas del océano, unas veces tranquilas y otras encrespadas. Miró las leves ondulaciones de las aguas cuando el mar estaba en calma y las olas gigantescas cuando llegaba la tempestad. Paulatinamente fue desarrollando la comprensión y abriendo su corazón. Su mente comenzó a cambiar y su consciencia encontró otro modo mucho más rico de percepción.

El discípulo, muy agradecido, regresó junto al maestro quien le preguntó:

– ¿Has aprendido a través de la observación?

– Sí –repuso satisfecho el discípulo–. Llevaba años efectuando los ritos, asistiendo a las ceremonias más sagradas, leyendo las escrituras, pero no había comprendido. Unos días de observación me han hecho comprender. El sol es nuestro ser interior, siempre brillante, sin afectación alguna. Las aguas no le mojan y las olas no le alcanzan; está ajeno a la calma y a la tempestad aparentes. Siempre permanece, inalterable: es siempre él mismo.

Y el maestro dijo:

— Es una enseñanza sublime. Es la enseñanza que se desprende del arte de la observación.

Muchas técnicas orientales de autorrealización, especialmente el yoga, confirman que la mayoría de los problemas que afectan a la humanidad derivan de la falta de atención.

El cultivo de la atención

La atención es una función preciosa de la mente que permite conectar con lo que es cada momento. La atención permite percibir, captar, sentir y sentirnos; gracias a su espléndida energía el ser humano se da cuenta de lo que perciben sus sentidos o de aquellas funciones que se producen en la mente y en la psiquis. La atención fluye a cada momento y a cada instante si se aprende a potenciarla.

Nada se podrá hacer con sagacidad, precisión y cuidado sin atención. Es una fuente de vitalidad, una brecha de luz en la densa oscuridad de la mente que, bien desarrollada, resulta liberadora como un manantial de claridad y comprensión. Supone una excelente vacuna contra la neurosis y la ofuscación; constituye la lámpara de la mente, aunque en la mayoría de las personas sea como una frágil llama expuesta al viento.

También juega un papel fundamental en el autoconocimiento y la observación ya que tiende un puente entre la persona y la realidad inmediata. Si se está atento, como recomiendan los maestros de Oriente, se está vivo, pero si uno se dispersa es como si ya hubiera muerto.

Los grandes maestros consideran que el cultivo metódico de la atención favorece la integración de la mente y la estabilidad del carácter, resultando la atención un auxilio en cualquier circunstancia.

UNA AYUDA PARA PURIFICAR LA MENTE

La atención es una energía que puede desarrollarse en alto grado pudiendo ser enfocada en una u otra dirección. El ser humano puede ejercitarla hasta conseguir que sea lúcida y más consciente si está atento a sí mismo, a la mente, a las sensaciones o a aquello que transmiten los sentidos. Al estar uno más consciente se aprecia mejor cada momento, se percibe cada instante y los hechos cotidianos ganan en brillantez y significado.

De este modo es posible renovar la mente y superar muchos condicionamientos psicológicos. Saber estar atento es permanecer vigilante, alerta y meditativo. Cuanto más se ejercita la atención, más se desarrolla y colabora en la purificación de la consciencia. Así hay mayor equilibrio y plenitud, desencadenándose un tipo de comprensión mucho más amplia.

La energía de la mente

El hecho mismo de empeñarse en el ejercicio metódico de la atención, ya representa una saludable psicohigiene: se drena el subconsciente, purificando la consciencia y se superan muchos mecanismos reactivos que emergen del estrecho surco de la percepción. Se logra estar más en el hecho que en la idea y la vida adquiere otro significado: si hay que pensar se piensa, pero cuando no es necesario pensar, se percibe.

La percepción clara y desnuda es una experiencia muy hermosa, casi gloriosa, porque percibir sin necesidad de sumergirse en la maraña de los pensamientos hace que la idea no usurpe el puesto a la vivencia, a la experiencia o a la percepción. Es importante el recurrir con frecuencia a la sabiduría del espejo que refleja sin acumular ni juzgar, sin retener ni perseguir; simplemente, refleja, adquiriendo en cada momento su propio peso específico, viviendo tal cual es y no a la sombra del pasado. Así se renueva la energía de la mente y ésta deja de ser tan neurótica y víctima de sus propias acumulaciones, reacciones desmesuradas y viejos condicionamientos.

¿Acaso se reflexiona sobre lo que es la mente, la denominada mente antigua, interminable colección de cachivaches que atolondra la consciencia y le roba vitalidad al momento presente? Cuando no hay plena atención y se mira a través de los propios condicionamientos, con tendencia a aprobar o desaprobar, el ser humano se extravía en la superficie de las situaciones creando conflicto y confusión. Pero se puede vivir con más frescura, renovándose a cada instante, fluyendo con la circunstancia sin generar fricción. Ése es el momento en que la mente se va purificando y comienza a asomar una mejoría en la vida psíquica y en la relación con otros seres.

La consciencia sin conflicto

Sin atención se vive en la semipenumbra; al no permanecer perceptivos en cada momento, nos dominan los inútiles trastos de nuestro desván psicológico. No se vive sino que se repite psicológicamente la vida ya vivida. Buda decía: "El pasado es un sueño; el futuro, un espejismo y el presente, una nube que discurre".

Es precisamente a esa nube a la que se debe prestar una atención plena. Si no es así, se permite que el presente esté siempre marcado por el pasado y el futuro. No conviene olvidar que, entre el pasado y el futuro, hay una bisagra que se denomina presente y que se puede utilizar para crecer. La vida enseña en cada momento qué pasa, pero también se puede hacer de cada instante un aprendizaje vital.

En el fondo de la mente hay mucho material desordenado y, a menudo, la consciencia opera mecánicamente guiada por los hilos invisibles pero muy vigorosos de ese submundo mental. En la superficie de la mente hay mucho ruido, pensamientos que se repiten machaconamente y generan confusión. Así es imposible que pueda haber creatividad y mucho menos vitalidad.

La mente insiste en sus impresiones pasadas y vuelve una y otra vez sobre sus huellas y disecados patrones de conducta. Se tiende a repetir la historia personal psicológica; así se impide la respuesta fresca e inocente, sin heridas. Se escapa el mirar libre, sin afectación, que es el que sitúa a la persona más allá del conflicto; esa lucha desgarradora que roba la libertad interior.

Del mismo modo que se drena un pozo sucio, se hace necesario drenar la suciedad del subconsciente para, resolviendo sus impulsos nocivos, poder liberar la mente.

Poner orden en la mente

Cuando la atención es apenas un destello accidental e incontrolado, la consciencia prosigue en su estado de semievolución y no dispone de la savia suficiente para esclarecerse salvo que recurra a un ejercitamiento metódico y armónico de la atención. Ésa es su fuerza, su llave para abrir el portón de la libertad. Pero en tanto la consciencia no se desarrolla, engendra malestar y todo tipo de desórdenes; experimenta continua insatisfacción, divide y envenena.

¿Qué puede esperarse de ese tipo de consciencia sin ninguna sensibilidad?, si no se purifica y prosigue en su desorden, ¿qué puede surgir en ella que no sea desorden? Y donde hay desorden no hay compasión, no hay ni siquiera caridad para uno mismo: sólo hay egocentrismo, supervaloración y odio.

Sin embargo, la mente puede ponerse en orden si consigue establecerse una atención más consciente. Un discípulo llega hasta el maestro y le dice:

– ¿Puedes instruirme en la Verdad?
– Atención –respondió el maestro.
– ¿Y qué más?
– Atención, atención.
– ¿Y eso es todo?

Y el maestro agregó:

– Atención, atención, atención.

Ya molesto, el discípulo replica:

– ¿Y qué es la atención?

Y el maestro concluye:

– La atención es la atención.

La solución de los problemas no está sólo fuera, sino también dentro de uno y del problema mismo. El desorden mental genera problemas sin límites. Las poluciones mentales magnifican el problema.

Entender y comprender

No sólo es necesario entender sino también comprender; se necesita percibir, pero se debe percibir con lucidez para así proceder en consecuencia y en cada circunstancia. Es bueno permanecer alerta y no dejarse alucinar por los espejos distorsionados de la barraca de feria de la mente. Como la mente hace el mundo y la mente está regida por el signo de la insatisfacción, el mundo es insatisfecho e insensato. Se siguen repitiendo los viejos patrones de conducta y no se pone orden en la mente y a pesar de personas como Buda, Jesús, Lao-Tsé o Muahavir –grandes gigantes del espíritu y grandes iniciados–, la mente sigue engendrando desdicha y, por consiguiente, creando un mundo insatisfecho. Se vive sin saber vivir, ni amar, ni comunicar con las otras criaturas más allá del ego.

Con más atención se puede ir poniendo orden en la mente y ganar terreno al inconsciente, del mismo modo que la luz disipa la oscuridad la consciencia va recobrando terreno y arrojando luz sobre la oscuridad del subconsciente.

El autodesarrollo consciente se apoya en cinco factores importantes: atención, fe, esfuerzo, concentración y sabiduría.

Olvidar

Se van acumulando constantemente conocimientos, informaciones y saberes pero no se desarrolla la sabiduría. Aunque se aprende a diario, se acaba la existencia sin haber sabido vivir. El saber que se aprende en los libros tiene su importancia, pero es de corto alcance y resulta insuficiente para desencadenar una comprensión profunda de la vida; al final no se ha aprendido que también es necesario olvidar.

"Todos los días debemos olvidar y aprender algo" –reza un antiguo proverbio. Sólo así hay renovación. No obstante el ser humano sigue asiendo todo lo que puede sin desprenderse de nada: no ha aprendido a soltar. Sigue ocupando sin desocupar.

En la mayoría de las personas la atención está embotada, sólo brota mecánicamente cuando algo, para bien o para mal, es capaz de causar fascinación. Es ésta una atención automática que tiene también una fuerte carga de falta de atención, es decir, no es una atención plena, surge por unos instantes y enseguida se pierde en interpretaciones y juicios. No penetra, no esclarece, no es verdaderamente vital porque no revela ni modifica la percepción. No es la atención despierta y consciente; es la atención de una mente atiborrada y confusa.

La mente está llena de hábitos y la fuerza que crea el hábito es enorme y, sobre todo, muy condicionante; hay que aprender a olvidar muchos hábitos, patrones y comportamientos mentales para recuperar la frescura y sabiduría de la mente. Todo esto requiere un método, porque no basta sólo con desearlo, ya que los viejos hábitos se imponen a pesar del propio deseo.

A menudo es más importante desaprender que aprender; liberar que seguir acumulando. Sólo cuando los nubarrones se disipan, se presenta el sol en todo su esplendor.

Un hábil ilusionista

Las películas superpuestas de la mente se suceden sin cesar y cada fotograma se superpone al otro distorsionándolo. Las memorias corrompen la percepción del presente y la empastan; se termina por creer las propias fantasmagorías mentales. Los pensamientos, como el más hábil de los ilusionistas, escamotean la realidad tal cual es y consiguen engañar a las personas. ¿Cómo salir de esa prisión particular?, solamente utilizando la primera herramienta: la atención. Ésta es como la lámpara para un caminante en la oscuridad de la noche.

El hombre es la única criatura que puede ejercitar conscientemente su atención, pero no es la atención mecánica la que interesa trabajar, sino la atención consciente, plenamente ejercitada, capaz de percibir lo agradable y lo desagradable sin reaccionar neuróticamente, aprendiendo de lo grato y de lo ingrato por igual. Es la atención que percibe al desnudo, directa e inmediatamente, y que al hacerlo, como se abre al momento presente, olvida mucho de lo pasado. Es un olvido reconfortante que hace que la persona sienta haber abandonado un pesado fardo. Es la atención que está más allá de prejuicios porque se convierte en maestra de vida. Aparece como hermosa y plena pero al mismo tiempo requiere un cultivo tenaz. No puede ser de otro modo porque solamente estando atento se aprende a estar atento.

El hábito proviene de una acción o reacción repetitiva que termina dejando un curso e imponiendo su presión. El hábito roba frescura y automatiza. La meditación es un método de desautomatización.

La respuesta de la vida

La vía de la atención consciente es la más segura y está avalada por los grandes maestros de todas las épocas y todas las latitudes, porque es la única que asegura el camino hacia una mente más calma e iluminada. Aunque la mente está estancada es posible sacarla del embotamiento, puede aspirar a dimensiones más creativas, donde se halla la respuesta viva del momento y no la fea reacción del pasado.

Hay que ir poco a poco construyendo y apuntalando la atención lúcida con ecuanimidad; es decir, con firmeza y serenidad ante todo lo inestable y movedizo. La ecuanimidad es el equilibrio, el poder nuclear de la visión clara y al ser ecuánime se reacciona con moderación y se resuelven muchos condicionamientos y heridas del pasado; se superan frustraciones y traumas y emerge una consciencia sin huellas del pasado, sin represiones ni viejos modelos de conducta mental.

La atención, junto a la ecuanimidad, restaña las heridas pasadas y deja la mente en disposición de enriquecerse con la respuesta de la vida. Es posible el entrenamiento para conseguir estar más atentos a los pensamientos, las palabras y los actos. La mente se renueva a cada golpe de atención y puede ejercitarse para que descubra la realidad inmediata; es como una flor que se abre momento a momento, creando su propio aroma, sin resistencias innecesarias ni negatividades frustrantes.

Nada es una bendición, pero tampoco una maldición porque todo es importante para la evolución interna. Cada situación es un maestro; cada experiencia, una guía; cada acontecimiento, un reto positivo. A través de la atención también se aprende mucho sobre uno mismo, porque se deja de estar en la superficie de la mente para aprender también a explorar sus profundidades.

Mantenerse en vela representa una saludable e intensa vigilia que ayuda a liberar la mente de sus engaños y obstáculos. Es siempre provechoso y ayuda a sondear la propia mente.

La mente es como un iceberg

La mente es como un trozo grande de hielo en el mar del que solamente una parte aflora a la superficie. Así el aprendizaje vital es continuo hasta que surge un espacio interno de calma; se fabrica un centro de atención y ecuanimidad que se mantiene a buen recaudo en todas las circunstancias: el individuo aprende a bregar con las inevitables vicisitudes de la vida. Permanece en calma ante el encuentro y el abandono, el placer y el dolor, la vida y la muerte.

Aquel que es capaz de desarrollar una firme atención y una inquebrantable ecuanimidad en la vida, podrá utilizarlas también desde el momento en que se prepara para bien morir. Vivir con ecuanimidad prepara para enfrentarse a la muerte con ecuanimidad.

Iba un maestro paseando con su discípulo por el campo y éste le solicitó enseñanza. El maestro preguntó:

— ¿Escuchas el trino de los pájaros?

— Sí —respondió el discípulo.

Y el maestro respondió:

—Entonces no tengo nada, que enseñarte.

La vida es la respuesta, claro que sí, y la respuesta es la vida. También hay una respuesta en la muerte y la muerte es la respuesta. Cada momento cuenta porque se muere a cada instante y a cada instante se nace. La grandeza está en reconocer que cada momento es el primordial. Quien espera lo mejor para el futuro descubre que ése es un truco burdo de la mente... si es que lo descubre alguna vez.

La mente mide, compara, interpreta, evalúa, toma, rechaza, conceptúa, etiqueta, rotula, pero... ¿vive?

LA ESTRATEGIA

Para cultivar y desarrollar la atención armónica y metódica e ir cambiando las actitudes de la mente y superando los viejos modelos de conducta mental, se requiere:

– la meditación sentada, como práctica asidua

– la actitud meditativa en la vida diaria; es decir, estar más atentos

– la genuina ética en el pensamiento, palabra y obra, que consiste básicamente en evitar hacer daño a los demás y en poner los medios para que sean felices, evitando la maledicencia, el odio y la ira.

– la autoobservación que permite el descubrimiento de uno mismo y la posterior transformación

– el desarrollo de la sabiduría; o sea, el cultivo de un estado de intrepidez para poder ver los hechos como son, sin autoengaños, enmascaramientos o justificaciones falaces.

Aunque la meditación sentada implica el banco de pruebas y ejercita la atención, es necesario también estar atentos en la vida diaria. Se puede poner atención al hacer una caricia, preparar un ramo de flores, al fundirse en un abrazo e incluso cuando se recibe la agradable sensación de la brisa. Hay que sentir la profundidad de la caricia, el esplendor del ramo de flores y el calor de un abrazo.

Nadie puede crecer ni hallar, por otro, la liberación. Es célebre la frase de Buda en este sentido:

'Los grandes señalan la ruta, pero uno mismo tiene que recorrerla'.

La verdad es muy simple

Así, cada día será nuevo y fecundo, dejando de ser rutinario y aburrido, transformándose en el primero del resto de la existencia; enriqueciendo la mente en lugar de anularla. Cierto que conseguirlo requiere un gran esfuerzo pero, ¿acaso no hay que enfrentarse inevitablemente a la vida con esfuerzo y con dolor? La diferencia es que en este caso la recompensa será enorme.

Abierta la vía hacia una mente serena y atenta no se puede encontrar una vibración más poderosa que la del silencio y la quietud, porque ofrecen respuestas a los grandes interrogantes de la existencia, ayudan a encajar los hechos sabiamente y evitan los posibles conflictos.

El saber deslizarse al compás de la vida es un gran secreto. Debería ser lo más sencillo y natural, pero cuesta mucho trabajo conseguirlo. La verdad es que a veces las cosas no son tan difíciles, pero se añade dificultad a las dificultades y sufrimiento al sufrimiento. No es fácil llegar a ser como un sabio yogui que reunió a sus discípulos y les dijo: "¡La verdad es tan simple! Es vivir cada momento con atención. Yo, queridos míos, cuando como, como; cuando duermo, duermo; cuando paseo, paseo; cuando me muero, me muero".

Y se murió en ese momento.

Se vive y se muere. Vida y muerte caminan codo con codo. Pero también se puede morir y vivir a cada instante; cuando esto se consigue la vida se vuelve más plena y más libre. Pero cuidado con el ego porque es el gran impostor que no deja de reaccionar; el yo es voraz e insatisfecho por naturaleza. Cuando llega el placer no le basta con disfrutarlo, si no que se aferra a él y se convierte en su esclavo. Cuando llega el dolor inevitable, no le basta con sufrir sino que genera ira y resentimiento, añadiendo sufrimiento al sufrimiento. Es, en definitiva, un tirano, pero también un mal negociante, porque en lugar de hallar la felicidad, encuentra desazón y pesadumbre.

De la ansiedad al sosiego

Se debe intentar vivir serenos entre los que sólo desean conseguir siempre algo más; sosegados entre los inquietos y tranquilos entre los que viven agitados. Evidentemente no es tarea fácil, pero sí posible. El poeta y premio Nobel Rudyard Kipling recomendaba mantener la cabeza tranquila cuando todo alrededor es cabeza perdida. El sentimiento de sosiego permite vivir la vida con armonía y plenitud, pero la mayoría de los seres humanos viven en umbrales muy altos de ansiedad, esa vaga y poco placentera sensación que a veces se identifica como angustia y que puede experimentarse en diferentes grados.

Unas veces viene dada por exceso de tensión; otras, por la incapacidad para conciliar contradicciones y resolver conflictos internos; también por la dificultad en superar contrariedades que llegan del mundo exterior e incluso, por situaciones complejas de cualquier orden. A menudo la ansiedad es el resultado de nuestro desorden interno o de carencias emocionales y afectivas y, a veces, de frustraciones no asimiladas o inmadurez psicológica.

UNA ENERGÍA PODEROSA

Canalizada de manera adecuada, la ansiedad puede ser instrumentalizada como una energía poderosa para impulsar el desarrollo personal y como un instrumento para la creatividad. Es posible poner esa ansiedad al servicio de lo positivo y dinamizar, a través de ella, la tarea que se está llevando a cabo o la empresa personal, estética o espiritual en la que se esté trabajando. Pero, cuando la ansiedad se sobredimensiona, no sólo no ayuda a desarrollarse sino que limita y estanca. Puede llegar a paralizar y, por supuesto, desde la ansiedad se vive la vida, como en un acto reflejo, con ansiedad y sin gozo. Esa ansiedad excesiva puede llegar a generar trastornos psicosomáticos pero, además, le roba sentido a la existencia generando sufrimiento. La sensación de ansiedad es tan ingrata que con frecuencia la persona se vuelve inconscientemente hábil para parchearla o amortiguarla. Sin embargo, ella persiste soterrada.

Se está viviendo una era de ansiedad en la que el hombre se encuentra inmerso en una sociedad competitiva, despiadada y con mucha frecuencia demasiado cruel. Se proponen logros que a menudo no pueden alcanzarse y si la persona no se halla a la altura de su yo idealizado reacciona con amargura y abatimiento.

Así como la inseguridad interna y externa es una fuente de enorme ansiedad, también lo es el miedo en todas sus formas, porque al sentirse amenazado, aunque la amenaza sea imaginaria, se reacciona con angustia. Precisamente mucha de la ansiedad que padece el ser humano es también producto de unos enfoques mentales poco afortunados, traumas pasados, heridas abiertas y conductas de miedo aprendidas e irracionales. La imaginación puede hacer ver lo que se teme ver y no lo que es; también puede anticipar calamidades que probablemente nunca ocurran.

El miedo produce ansiedad. Aparece como respuesta defensiva a un estímulo amenazante pero también como conducta aprendida o resultado de traumas. Es entonces cuando el miedo se torna irracional.

Mayor seguridad interna

La fantasía desordenada es la causa de muchos temores, miedos y ansiedades. También son fuente de angustia nuestras tendencias neuróticas, las autoexigencias narcisistas, las heridas del subconsciente, las creencias afectivas o emocionales y la desintegración interior. Cuando existe desorden dentro de sí, las condiciones externas adversas todavía incrementan más la ansiedad.

Pero a medida que la persona gana en madurez e integración está mejor preparada para no reaccionar con tanta angustia ante la vicisitudes cotidianas. Se vive con mayor seguridad interior, se consigue disfrutar de un yo más sano y menos dividido. La vida comienza a vivirse con más serenidad y, desde ésta, tiene otro sentido, proporcionando otro tipo de experiencia. Se supera la etapa en que la ansiedad distorsiona la lucidez, crispa la relación y perturba la consciencia de uno mismo.

La ansiedad es especialmente hábil en ponerse disfraces y máscaras: puede manifestarse con abatimiento, depresión, amargura, incertidumbre, insatisfacción profunda, tedio, fobias, etcétera, pero a medida que se avanza por el sendero de la autointegración y se aprende a vivir, la ansiedad se va reduciendo o incluso se va transformando. El proceso de la maduración conduce al autoconocimiento, la superación de conflictos internos y la aceptación de uno mismo. Supone un saludable desenmascaramiento psicológico, la neutralización de neuróticos sentimientos de culpa y arrepentimiento así como la capacidad de asumir las propias responsabilidades.

Pros y contras de la ansiedad

Es muy importante distinguir la ansiedad destructiva de ese otro tipo de ansiedad que puede resultar beneficiosa. Todo depende de si se es capaz de instrumentalizar positivamente la ansiedad o si ésta desborda y limita al individuo.

Conviene saber escapar

Combatir la ansiedad es posible, pero hay que saber distinguir entre las soluciones perniciosas y las positivas. Conviene huir, por peligrosas y porque jamás aportan una solución, sino que crean un problema añadido de:
- el culto a la propia imagen
- las dependencias psíquicas
- las dependencias de otras personas
- drogodependencias, alcoholismo. Interesantes y muy serias investigaciones, llevadas a cabo en la universidad de Harvard, demostraron que jóvenes habituados

a consumir LSD y marihuana dejaron estas drogas después de algunos meses de prácticas meditativas.

– ira, agresividad

– masoquismo, autocompasión y falta de responsabilidad

– hostilidad y aislamiento

– ensoñaciones descontroladas (suplir realidad por imaginación)

– indolencia o despreocupación

– escapismo, autoengaño y ocultación de las propias deficiencias

– justificaciones y pretextos que evitan el crecimiento interior y la madurez

– afán de poder y manipulación, ansias de prestigio y control sobre los demás

Las soluciones ideales para combatir la ansiedad son:

– las prácticas de técnicas psicofísicas (métodos de estiramiento, yoga, procedimientos de control respiratorio, técnicas de relajación, etcétera)

– perfeccionamiento de las cinco fuentes de energía: respiración, alimentación, descanso, impresiones mentales y sueños.

– meditación, visualización y autodesarrollo

– métodos de auto-observación y autoperfeccionamiento

– desenmascaramiento psicológico, enfrentamiento a miedos y temores, desarrollo de enfoques claros y correctos sobre la propia existencia y sin expectativas infantiles

– creatividad, sublimación a través del arte, trabajo positivo y libertad interior

— ejercicio para estar consciente y a la vez ser espontáneo; actitud expansiva y amorosa; adecuadas actitudes internas hacia uno mismo, hacia los demás y hacia la vida

— cultivo de hábitos y pensamientos positivos

— mejorar la relación con los otros seres sensibles, cultivo del amor consciente y desinteresado

— acción lúcida, servicio y cooperación.

La armonía, medicina para la ansiedad

La angustia es inherente a la vida. Quizá tenga su origen en un desorden psicológico, pero también pudiera venir dada por las contrariedades y vicisitudes externas. No hay que olvidar que una sociedad neurótica crea individuos neuróticos y que un medio angustiado, provoca personalidades angustiadas. Pero, a pesar de ello, se puede trabajar sobre uno mismo para integrarse, superando la ansiedad biopsíquica e ir mejorando para poder neutralizar la ansiedad que provocan los factores externos. Así como en una casa bien techada no entra la lluvia, en una mente lúcida, firma y ecuánime no penetran tan fácilmente las influencias negativas del mundo exterior.

Sólo con armonía interior se puede conseguir la verdadera serenidad. La armonía ayuda a superar toda traza de ansiedad, quedándose exclusivamente con la tensión justa y necesaria para vivir. En la medida en que se está más integrado y maduro desciende el umbral de la ansiedad y se mejoran también las relaciones humanas: aumenta así el equilibrio. Asimismo se evitan malestares diversos como hipertensión, trastornos digestivo, agitación motora, insomnio, etcétera. La ansiedad, además, dispersa la mente y reduce la capacidad de concentración.

Para que la ansiedad sobredimensionada remita se deben poner las condiciones oportunas para estimular las fuerzas de crecimiento interior y reorganizarse psíquicamente. La ansiedad, además, también provoca crispaciones neuromusculares que a su vez son productoras de ansiedad; se crea, por lo tanto, un círculo vicioso.

La meditación relaja y calma. El doctor Benson comprobó cómo los estados animicos conseguidos con la meditación tienen repercusión en el sistema circulatorio y en otras funciones orgánicas.

El ángulo de la paz

Todo ser humano, aun el más atormentado o confuso, dispone de un ángulo de paz y serenidad donde reina la calma perfecta. Es el lado más silencioso y fecundo de la mente. A él raramente se accede porque se está muy ocupado y nervioso. Más allá de los pensamientos alborotados y de las emociones descontroladas; lejano al núcleo de caos y confusión enquistado en el subconsciente, es posible reconectar con el ángulo de quietud que reside en lo profundo de todo ser humano y que los yoguis indios han denominado no-mente.

Este ángulo de serenidad, que está más allá de todo lo fantástico y al que se accede precisamente cuando la mente se va tranquilizando, dispone de su propia energía integradora, capaz de ordenar el subconsciente. Ese lado silencioso de la mente aporta una vivencia de calma profunda, de renovación plena, de unidad e inconmensurable equilibrio. Renueva el espíritu y es como darse un baño de serenidad infinita. Aunque solamente fuera por una finalidad psicohigiénica toda persona debería conectar diariamente unos minutos con su realidad más íntima de quietud, porque transforma la conciencia, desautomatiza y prepara mejor para mantener el equilibrio en la vida diaria.

Sin quietud ni siquiera el disfrute es disfrutable. Desde la quietud, los acontecimientos pueden vivirse más equilibradamente.

SE APRENDE A ACEPTAR LA MUERTE

Hay un mecanismo natural en la niñez que consiste en quedarse absorto de vez en cuando, reequilibrando así la mente y encontrando el reposo interno. En ese espacio de inmensidad clara y plena brota una vivencia muy distinta de la vida y de la propia existencia: es el viaje a lo no condicionado que existe en todos. De manera espontánea, se encuentra todas las noches esa quietud en el sueño profundo sin ensueños, pero puede emprenderse ese mismo desplazamiento a la mente serena estando lúcido y consciente, mediante las técnicas de interiorización y meditación.

El ángulo de serenidad es personal y a la vez transpersonal. Reporta vivencias y conocimientos supraconscientes, así como estados cumbres de consciencia y un profundo sentimiento de unidad y plenitud. Al acceder a él, se conecta con el proceso cósmico de la vida para establecerse en la antesala o fuente del pensamiento. Cada *visita* a ese lado de la mente integra y unifica psicológicamente. La energía que mana del mismo restaña antiguas heridas psicológicas, drena el fango del subconsciente, armoniza energéticamente y actualiza recursos internos muy valiosos para la vida interior y la exterior.

Justo en el centro del tornado hay un espacio de quietud inmaculada. A pesar de que la sociedad ha entrado en una espiral de ansiedad retroalimentada, la persona puede reeducarse para estar más quieta y sosegada.

Las energías, valiosas aliadas

Como todo ser humano tiene que vivir a través de su psicología y su mente, es más que necesario aprender a equilibrarlas, convirtiéndolas en valiosas aliadas para el vivir cotidiano. Si se halla equilibrio y fuerza en el ángulo de quietud, puede utilizarse después para bregar con la vida de cada día, a la que nadie puede ni debe escapar. Aprendiendo a vivir con uno mismo se aprende a vivir la vida y a vivir con los demás.

También se aprende a aceptar la muerte sin espanto, como un acontecimiento que forma parte de la vida y que es inevitable. Precisamente porque resulta inevitable morir es necesario aprovechar la vida y saber vivirla sin mezquindad, desgarramientos o fricciones inútiles. Pero la mente ordinaria, tan habituada al conflicto, complica aún más el vivir cotidiano. Tiene una especial habilidad para enredarlo todo.

En cierta ocasión un discípulo fue hasta su maestro de budismo *Zen* (una de las escuelas más notables del budismo en China y Japón) y le preguntó:

– Maestro, ¿cómo puedo escapar al invierno y al verano?

– Muy fácil –repuso el Maestro–, cuando llega el invierno tiemblas y cuando llega el verano sudas.

Así de fácil. Pero la mente engendra oposición y conflicto a cada momento. Cuando es verano desea que haga frío; cuando es invierno, anhela el calor. Sólo en la nomente hay una vivencia de paz inmensurable.

El esfuerzo sin esfuerzo, la acción sin agitación

Todo ser humano dispone de recursos internos mucho más consistentes y valiosos de lo que se supone. Pero no existe suficiente confianza en uno mismo y por eso a menudo hay que creer en líderes, *gurus*, falsos profetas o mitos. Sin embargo, el único maestro seguro es el que habita dentro de uno mismo, aunque permanece a la espera, oculto; se derrocha energía en todo menos en la búsqueda interna de ese maestro. Se requiere un esfuerzo correcto para que se presente y haga ver a cada uno lo mejor que lleva dentro. La vida adecuadamente vivida es un maestro que estimula a ese maestro interior.

No se trata de ser un voluntarioso compulsivo ni un

neurótico disciplinado, pero el esfuerzo continuo es muy valioso. Del mismo modo que la nieve que cae copo a copo termina por quebrar la rama más poderosa del árbol, el esfuerzo correcto y mantenido va proporcionando sus frutos a cada momento. No debe tratarse de un esfuerzo contenido, sino de un esfuerzo adoptado libremente y con motivación para mejorar.

Ese esfuerzo se basa en la atención y en la acción adecuada, acción que puede estar libre de toda agitación. Los filósofos chinos denominan a esa actitud *wu-wei*, que quiere decir no-hacer, pero se refieren al no hacer reactivo extenuante de la psiquis. Se hace mucho más y mucho mejor cuando interiormente se está sereno y pasivo. Desde el no-hacer surge un hacer más intenso, eficaz y brillante que consume menos energías. Por otro lado, en la medida en que se va desarrollando el esfuerzo correcto, va surgiendo el esfuerzo sin esfuerzo. La misma energía propia del esfuerzo circula más libremente.

Aunque en nuestra llamada civilización moderna, el esfuerzo a menudo se siente como provocativo, todo ejercitamiento requiere un esfuerzo o una puesta en marcha de la energía.

La vida es juego o drama

La acción es aquí y ahora, en cada momento, mientras que la reacción es psicológica y mecánica; se aparta de la realidad momentánea. La agitación es una reacción, pero no la acción. El estrés, por ejemplo, aparece después de la agitación y la reacción, pero no por la acción en sí misma. Es la agitación la que quiebra los mecanismos reguladores del individuo desbaratando su mente y sus comportamientos físicos y mentales. Pero actuando desde la pasividad interior, desarrollando la acción desde la contemplación, se puede ejercer una descomunal actividad con menos cansancio y más efectividad.

El arte de no generar tensiones innecesarias o conflictos es un arte muy difícil que representa un elevado y fecundo arte del vivir. Puede y debe aplicarse a la vida de cada día y, según se aplique o no, la vida diaria se convertirá en juego o drama, amigo o enemigo.

Cuando un discípulo preguntó a su maestro dónde estaba la verdad, el maestro le contestó:

– En la vida de cada día.

– Pero yo no logro ver la verdad en la vida de cada día –contestó el discípulo.

– Ésa es la diferencia; que unos la ven y otros no –dijo el maestro.

Mente lúcida, corazón tierno

Fluir es un apacible dejarse ir con consciencia, ecuanimidad y esfuerzo correcto; es soltarse, desbloquearse y deslizarse. Controlar implica estar consciente. Se puede comparar el controlar con tensar el arco y el fluir con soltar la flecha. El arte de controlar y fluir se complementan; uno sin el otro no están enteros, son las dos caras de la misma moneda. La mente se va tornando lúcida y el corazón tierno.

A través de este proceso complementario la mente se va haciendo más lúcida y descubre que en la no-reacción, la no-fricción, el no-hacer y el control, existe toda una escuela de vida. Aprende además a confiar en los propios recursos internos y a potenciar los factores de crecimiento en todo ser humano: la energía, ecuanimidad, atención, investigación clara de la realidad, el sosiego y la alegría.

Hay dos tipos de alegría: la que procede de los acontecimientos favorables del exterior y la que brota dentro de uno mismo. La segunda es mucho más auténtica.

Estos factores de crecimiento irán contrarrestando la influencia limitadora de las trabas de la mente, que principalmente son:

— venenos emocionales (odios, envidia, avaricia, etc.)
— las frustraciones
— los adoctrinamientos, juicios y prejuicios, esquemas y patrones.

En la medida en que se camina hacia la integración, haciendo de la vida un precioso aprendizaje, brotan los factores de crecimiento e iluminación y se convierten en los mejores aliados de la persona. La alegría surge de la propia fuente interna y no sólo porque los acontecimientos del exterior sean favorables; es una alegría íntima, un gozo diferente al goce sensorial. Es la alegría que resulta de la integración interior. Entonces, cada instante, por el hecho ya de serlo, se convierte en el mejor. Surge un refrescante sentido del humor porque la persona está más capacitada para ver los contrastes, hay menos presiones internas y se viven de otra manera las externas.

PASADO Y FUTURO SON DESDE EL PRESENTE

¡Cuánto se puede aprender de la naturaleza a través de su contemplación, utilizando su sabiduría para vivir de una manera más armónica! Claro que para conseguirlo se ha de aprender a observar, a descubrir la montaña que tiene la sabiduría de la inmovilidad firme que enseña a esperar, la erudición de un río que sabe fluir y que se renueva a cada instante, la paciencia de la nieve, que lentamente llega a quebrar la rama del árbol, la sabiduría del cielo, la del lirio que enseña cómo evitar inútiles resistencias...

Todos estos saberes ayudan a conseguir un presente lleno de luz y posibilidades. El pasado y el futuro son sombras que deben incitar al ser humano a vivir cada momento, porque cada momento que pasa se va muriendo. Vida y muerte se alternan porque al morir un poco cada día, también se nace un poco. Las expectativas inciertas de futuro crean ansiedad o convierten al hombre en caballo de carreras que acaba por reventar antes de llegar a la meta. El presente es la gloria, aunque a veces sea un infierno. No hay otra cosa; o se toma o se deja, pero si se deja no se vive.

Dejándose ser, dejándose estar

En cualquier situación en que se encuentre el hombre nada será más importante que acudir a sus dos mejores aliados: la calma y la claridad, porque no sólo le van a permitir que viva mucho mejor, sino que se podrá enfrentar con más firmeza a las situaciones más difíciles. Demasiado a menudo está tenso, vive en crispación, lleno de preocupaciones, con los nervios a flor de piel y malgastando sus mejores energías.

Desconoce que desde la más remota antigüedad existe un método de relajación que le puede ayudar a eliminar las tensiones físicas y mentales: la relajación consciente, una saludable práctica que debería aprenderse desde la infancia y que puede ser utilísima a lo largo de toda la vida, muy especialmente en esta sociedad tensa y competitiva en que se vive.

Los primeros en concebir, ensayar y perfeccionar la relajación fueron los yoguis de la India, modelo que hoy imitan todos los sistemas modernos de relajación yoga. Los yoguis descubrieron que el ser humano puede ir descubriendo la tensión y superarla mediante la atención. Se puede ir tomando conciencia de cada zona del cuerpo e ir relajando en profundidad todos los músculos, razón por la que este sistema se conoce como relajación consciente o lúcida.

La relajación consciente no sólo colabora en la superación de las tensiones físicas relajando la musculatura, sino que además enriquece interiormente, aporta energías, coordina la unidad psicosomática, estimula la atención mental, facilita el conocimiento más íntimo, cultiva una actitud de mayor serenidad para resistir mejor los agentes externos que generan ansiedad, tranquiliza la mente y el sistema emocional; por último, previene contra los trastornos psíquicos.

La relajación consciente es una práctica tan útil, lenitiva y fácil de aprender, que debería ser enseñada en todas las escuelas.

Técnicas de relajación

¿Por qué no intentar seguir unas cuantas normas de relajación si con ello se puede conseguir mantener el alma y el cuerpo más atentos? Se deberá comenzar por elegir una habitación lo más tranquila posible y mantenerla en semipenumbra. Una vez bien situado:

– elegir una superficie que no sea demasiado blanda ni demasiado dura como, por ejemplo, una manta doblada, una alfombra o una moqueta

– adoptar la postura de *cúbito supino*, es decir, descansando sobre la espalda, colocando la cabeza en el punto de mayor comodidad, las piernas ligeramente separadas y los brazos extendidos a ambos lados del cuerpo

– cerrar los ojos, pero sin presionar los párpados

– regular la respiración, haciéndola pausada y preferiblemente abdominal

– dirigir la atención mental a los pies y a las piernas y aflojar tanto como sea posible los músculos de esas zonas. Todos los músculos de los pies y de las piernas se van aflojando, sueltos y relajados, más y más relajados

– dirigir después, la atención al estómago y al pecho. Se van aflojando, lo más posible, todos los músculos de esas zonas; se van sintiendo, relajando y sumiéndose en un estado de laxitud y abandono

– desplazar la atención mental a la espalda, los brazos y los hombros relajando los músculos de esas zonas. Se sueltan más y más, tan profundamente como sea posible

– concentrar la atención en la cara. Se suelta la mandíbula, se aflojan las mejillas, los párpados y la frente. Todos los músculos del cuerpo tienen que irse soltando más y más, muy profundamente

– se insiste en aflojar cada vez más los músculos del cuerpo, músculos que deben ir siendo invadidos por una sensación de profunda relajación

– evitarse cualquier distracción

– dirigir la mente a la respiración y uniformidad con lentitud. Cada vez que se exhala el aire, se afloja más

– no hay que alarmarse por ningún síntoma que pueda presentarse durante la relajación profunda, como pérdida de la noción del tiempo, del espacio, de una parte del cuerpo; calor, sensación de ligereza o peso, sensación de caída en la oscuridad, etcétera

– una vez relajado a fondo todo el cuerpo es más fácil ir relajando la mente y tranquilizar las emociones.

Para realizar la relajación consciente es necesario practicarla en sesiones de quince a veinte minutos. Tras la relajación, antes de abandonarla definitivamente, se deben hacer varias respiraciones muy profundas para luego comenzar a mover lentamente las distintas partes del cuerpo. Nunca debe suspenderse la relajación de una forma violenta.

Es importante practicar la relajación con el estómago vacío y utilizar prendas cómodas, estar bien atento y evitar el sueño, arroparse adecuadamente y evitar, si es posible, ser molestado. Hay que tener paciencia y perseverar en la práctica y así, en pocas semanas, se conseguirá una relajación muy profunda, reparadora y beneficiosa.

Algunas personas se asustan cuando se presentan síntomas propios de la relajación. No existe otro peligro que el miedo o la angustia. La sensación de caída o precipitación al vacío es un síntoma natural pero no alarmante.

Relajación para estabilizar la mente

Después de haber conseguido un buen nivel de relajación, se puede fijar y estabilizar la mente en:

– la respiración, con la imagen de una ola que llega a la orilla y vuelve a integrarse en el mar, calmando más y más los procesos físicos y mentales

– el movimiento abdominal; en cómo el vientre se dilata al inspirar y vuelve a su posición al exhalar

– la sensación de relajación; paz interior y serenidad

También se puede seguir alguna técnica de desarrollo de la mente, como:

– la concentración sobre un fondo negro, tratando de oscurecer el campo visual interno, mentalizando una pantalla negra, el vacío oscuro, un velo negro o similar

– sentir el choque del aire al entrar y salir por la nariz
– dejar que la mente se pierda en un firmamento claro y despejado, sin límites, propiciando un sentimiento infinito de bienestar.

Ejercicios de transformación interior

Es importante trabajar con los siguientes ejercicios porque estabilizan la mente al estar todos ellos basados en el pensamiento positivo. Hay que hacerlos pensando siempre en primera persona, es decir:

– soy paz y amor
– soy la energía del universo
– me siento contento y a gusto
– estoy tranquilo y sereno
– me siento seguro e integrado

Después hay que dar órdenes a la mente tales como:

– no te inquietes y no tendrás ira
– no te permitirás ser celoso, envidioso, avaro
– no desfallecerás
– tendrás equilibrio y armonía.

Ejercicios básicos durante la relajación

1. Respiraciones abdominales. Se conduce el aire lentamente por la nariz hacia el vientre y el estómago y después se expulsa, invirtiendo aproximadamente el mismo tiempo. Volver a la posición inicial al exhalarlo.
2. Respiraciones intercostales. Se inspira lentamente por la nariz y se lleva el aire hacia la zona media del pecho,

en dirección a los costados. Se expulsa el aire lentamente por la nariz en el mismo tiempo que se ha empleado en la inspiración. Al inhalar se dilatan los costados que, al exhalar, vuelven a su posición inicial.

3. Respiraciones claviculares. Se conduce el aire lentamente por la nariz hacia la zona más alta del tórax y se inhala por la nariz. Si se efectúa correctamente se siente que al inhalar se dilata el tórax, volviendo a la posición de partida al exhalar.

4. Respiraciones completas. En primer lugar se lleva el aire por la nariz hacia el vientre y el estómago; se continúa inspirando sin interrupción y se le conduce hacia la zona media del pecho; se continúa inhalando y se le dirige hacia la zona más alta del tórax para, a continuación, expulsarlo por la nariz. Si se ejecuta esta respiración correctamente se debe notar que al inhalar se dilata primero el estómago, luego la zona media del tórax y finalmente el tórax completo.

Cada ejercicio puede prolongarse de tres a cinco minutos. Todos favorecen las vías respiratorias, estabilizan la acción cardíaca, sedan el sistema nervioso y producen en general un enorme beneficio.

Como muy acertadamente considera el fisiólogo indio doctor Bhole, así como el español especialista en neurocibernética, doctor José Álvaro Calle Guglieri, el control de la respiración colabora muy eficazmente en el control de las emociones.

La ciencia de apreciar lo que se tiene

Es posible vivir bien la vida o, por el contrario, hacer de ella un simulacro. Se puede vivir como si de una competición se tratara, pero también es posible vivirla con alegría y serenidad, tomando conciencia de que la vida no es más que una suma de instantes y que cada instante perdido es irrecuperable.

Mirar las estrellas

Es muy hermoso y significativo el aforismo del poeta indio Rabindranath Tagore que dice: "Si de noche lloras porque se ha ido el sol, tampoco podrás ver las estrellas". Frase que encaja perfectamente con la insatisfacción que padece el ser humano. La mente siempre está insatisfecha y cuando la persona no tiene nada, siente que padece un grave problema; cuando tiene demasiado, también lo padece porque ha de tratar de conservarlo y aumentarlo. Si a una persona la aman demasiado, se siente atosigada, pero se siente más desagraciada si no la aman. Cuando se está en una parte se querría estar en otra y cuando se está con una persona se añora la presencia de otra...

Hay que desarrollar la ciencia que enseña a apreciar el presente, aunque esto no quiera decir que no haya que cuidarse sin obsesiones del futuro o que no se ponga energía y condiciones para mejorar la calidad de vida; pero hay que aprender a valorar y amar aquello de lo que se dispone. El ser humano es a veces tan necio que sólo valora lo que pierde o lo que nunca logra obtener. Incluso si consigue algo que anhelaba mucho, tiene que proponerse nuevos logros para volver otra vez a aburrirse y desesperarse.

Éstas son las trastadas de la mente a la que santa Teresa llamaba la loca de la casa. Pero esa loca a veces es un monstruo que cuando se está sano hace creer que se está enfermo, confundiendo al hombre si es que éste no está dispuesto a escucharla con atención.

La mente es muy hábil en trucos. Uno de los más comunes es el denominado mecanismo de proyección. La persona proyecta sobre lo visto sus propios deseos, expectativas, temores o anhelos.

Aprender a pensar y a dejar de pensar

Una de las funciones de la mente es el pensamiento, aunque éste tenga una doble vertiente: puede ser un experto en ayudar y cooperar, pero también en torturar y asesinar. Tiene un lado luminoso y un lado perverso, pudiendo estar cargado de benevolencia o de maldad.

Si cuesta lo mismo pensar positiva que negativamente ¿por qué no purificar el pensamiento y pensar con cordura y compasión? Todos podemos, aunque requiera mucha atención, seguir un método disciplinado para aprender a pensar y para aprender a cultivar los pensamientos positivos.

Para conseguirlo se puede recurrir a lo que se denominan esfuerzos para purificar la mente y liberalizar el pensamiento de contaminaciones. Éstos son:

– el esfuerzo por desalojar de la mente los pensamientos insanos que habitan en ella

– el esfuerzo por evitar que entren en el escenario mental otros pensamientos insanos

– tratar de suscitar pensamientos saludables

– el esfuerzo por fomentar, cultivar e incrementar los pensamientos positivos.

Pero hay que estar siempre alerta porque el pensamiento es muy ladino y hay que aprender a manejarse con él porque emplea muchos trucos y utiliza muchas racionalizaciones falsas, así como autoengaños.

Cuanto más inteligente es una persona, mejor preparada está para autoengañarse y además hacerlo de una manera más sutil y por tanto más peligrosa. Pero se dispone de varias estrategias, aunque todas son igualmente importantes y se tendrá que recurrir a una u otra según los casos, dependiendo de la persistencia de los pensamientos negativos y de su carácter. Existen muchos pensamientos intrusos y molestos que ya son negativos por el solo hecho de estar. A éstos hay que añadir pensamientos de odio, celos, codicia, resentimientos y tantos otros.

Cómo superar lo negativo

Las estrategias adecuadas para la superación de los pensamientos negativos son:

– cultivar los pensamientos positivos. Si una persona tiene tendencia al pensamiento de odio, que cultive y trate de desarrollar el pensamiento de amor y compasión; quien tienda al resentimiento, que cultive el pensamiento del perdón; así sucesivamente

– cortar el mal pensamiento en su raíz. A veces se es demasiado indulgente con los pensamientos nocivos o las ensoñaciones. Con un poco de esfuerzo y atención se puede cortar el pensamiento en el mismo momento de su aparición

– observar el pensamiento o estado mental negativo, sin reaccionar, fijándose en cómo surge y trata de identificarse. Hay que observarlo como si lo viviera otra persona y evitar dejarse implicar en el mismo. De igual manera que surge se desvanecerá; el secreto está en no identificarse con él.

Muchos pensamientos son el reflejo en la superficie del desorden reinante en la profundidad de la mente. Se debe aprender también a manejarse con los pensamientos neuróticos, observándolos sin reaccionar.

Sabiduría, generosidad y amor

Los ejercicios de meditación ayudan a desarrollar y perfeccionar estas estrategias. Hay que ir consiguiendo liberar los pensamientos de las tres raíces insanas: ofuscación, avidez y odio. Éstas condicionan el pensamiento, lo corrompen y lo ponen al servicio de lo pernicioso. En cambio, el pensamiento que surge al amparo de las tres raíces del bien, sabiduría, generosidad y amor, siempre será constructivo y beneficioso.

Si importante es pensar, no lo es menos aprender a dejar de pensar. Cuando hay que pensar, se piensa, pero cuando no hay que pensar, ¿por qué estar moviendo la manivela del pensamiento? A menudo lo importante es percibir y no pensar, solamente sentir. El pensamiento mal controlado puede convertirse en el gran ladrón de la felicidad, porque trae a la mente memorias negativas y anticipa supuestas calamidades de futuro.

Si pensar correctamente es difícil, dejar de pensar lo es aún más. Existe una gran adicción al pensamiento y solamente desarrollando la atención y la perceptividad se puede aprender a dejar éste en su justo lugar. El pensamiento descontrolado es a menudo la reacción al desorden propio del subconsciente y los condicionamientos de la trastienda mental afloran a la superficie desordenadamente.

Aunque el pensamiento es útil y una herramienta imprescindible para la vida cotidiana, es aún más importante aprender a tener la mente muy alerta y libre de ensoñaciones. No conviene olvidar que la palabra no es la cosa, ni la descripción es el hecho, ni el pensamiento es la vida. Los pensamientos pueden ir por un lado y la vida por otro, pues el pensamiento es tiempo y espacio, además de información y acumulación de datos y conocimientos. Cuando se percibe un amanecer, no se trata de pensarlo, que sería prácticamente asesinarlo, sino de captarlo en toda su grandeza. Cuando se vive la profundidad de una caricia, no se trata de elaborarla idealizándola, sino de sentirla. La diferencia es enorme.

El pensamiento sólo puede ser claro y constructivo cuando está libre de ofuscación, codicia y malevolencia.

La incógnita del pensamiento

Cuando el pensamiento cesa, surge una nueva manera de percibir y conocer. El "pienso, luego existo" da paso a *porque no pienso, existo más*. Por otro lado el pensamiento es insuficiente en muchos sentidos, igual que lo es la razón y la lógica. A veces el pensamiento es una barrera y un freno, roba espontaneidad y hace de la vida una mala copia. A menudo la idea obstaculiza la percepción y el conocimiento de orden superior; el pensamiento no da respuestas y la ciencia proporciona sólo soluciones parciales. En una ocasión, la mujer de un científico notable se puso a llorar desconsoladamente. El marido le dijo:

—No llores, mujer, ¿no ves que las lágrimas sólo son agua, mucosa, sal y fósforo?

Y la mujer irónicamente contestó:

—¡Ah!, ¿sólo son eso las lágrimas?

En otra ocasión, un discípulo preguntó a su maestro:

—¿Debo tener la idea de estar más allá de las ideas?

—¡Allá tú si quieres conservar esa idea! —repuso burlonamente el maestro.

El secreto está en parar

La tempestad se calma y los huracanes se aquietan, pero el ser humano no sabe detenerse. Aunque aparentemente se pare, sigue haciendo-deshaciendo con la mente ocupada y preocupada. El secreto está en parar, dicen los sabios orientales; incluso aunque se esté llevando a cabo una gran actividad hay que estar en el centro interno de quietud, del mismo modo que todo se mueve en la rueda que gira, aunque el eje está siempre centrado. Detenerse no es sólo aquietar el cuerpo, lo que ya resulta difícil. Incluso inmovilizar el cuerpo exige esfuerzo; la verdadera ciencia de la detención consiste en estabilizar el cuerpo, pacificar las emociones, desconectarse de todo y acallar la mente.

El hombre moderno ha perdido por completo la sabiduría del ser y del estar. Aunque no haga nada, continúa haciendo con su mente y sus emociones. No sabe detenerse, ni quedarse sereno, ni parar. Se comporta casi siempre como una tormenta insensata y no como un apacible lago.

La meditación es la ciencia de la detención. Debería ser la cosa más natural y sencilla del mundo, pero como se ha entrado en una dinámica de inquietud y agitación mental y física, se necesita seguir un ejercicio de reeducación para saber meditar. Meditar es adiestrarse psíquica y mentalmente para hallar un estado superior de la mente, un talante más armónico, una mejor manera de relacionarse con los demás, una actitud más tolerante y expansiva.

Este ejercicio activa las potencias creativas de la mente, perfecciona sus funciones, esclarece la visión mental y sosiega psíquicamente. La meditación es una práctica y una experiencia, mediante las cuales se logra un estado más equilibrado y firme de la mente; se desarrolla la ecuanimidad, se estimula la inteligencia primordial y se eliminan los venenos enraizados en la mente.

Muchas cosas no salen a la superficie debido a un elevado coeficiente de actividad. Parar es el secreto para sentir más allá de la actividad.

Un pasaporte hacia la libertad

La meditación es un pasaporte hacia la libertad interior, porque limpia y desempaña la consciencia, se erradican sus contenidos negativos, se aprende a pensar y a dejar de pensar, se enfrenta uno con los propios impulsos y autoengaños; desarrolla un enriquecedor factor de observación menos egocéntrico y por lo tanto más independiente.

Meditando se facilita la unidireccionalidad de la mente, cuando es por lo general tan poco dócil y dispersa; centra el individuo en el aquí y ahora. En definitiva, entrena en el reconfortante arte de la detención física y emocional. En todo ejercicio de meditación se requiere una atención intensa y una firme ecuanimidad, dos potenciales mentales que colaboran en el cambio interior, reorganizan las psiquis en un plano más elevado, ayudan a superar las estructuras y esquemas negativos y favorecen la resolución de los conflictos internos.

Además de recurrir a los factores de atención y ecuanimidad, la meditación debe asentarse sobre otros factores: motivación inquebrantable, esfuerzo correcto, asiduidad, una posición física estable y lo más inmóvil posible –la columna vertebral y la cabeza siempre erguidas–, una respiración fluida y natural y una actitud diligente.

La meditación es una fuente de salud mental que reporta sabiduría y favorece la integración psíquica.

Abstracción y observación

Existen numerosísimas técnicas de meditación, la mayoría de ellas inspiradas en el yoga, que es el más antiguo sistema de autodesarrollo y perfeccionamiento del mundo. Hay ejercicios de meditación, de ensimismamiento y abstracción, tranquilización profunda, observación y perceptividad, recitación de palabras espirituales, fortalecimiento de la concentración y unificación mental, visualización, etcétera.

El arte de parar que es la meditación, desaliena, desautomatiza, previene contra la neurosis y el desequilibrio emocional, favorece el cuerpo, afirma el carácter y armoniza la mente. La meditación hace que la persona se sienta mejor y pueda después compartir ese bienestar con los demás.

Aunque sólo sea durante quince minutos diarios, es conveniente practicarla y detenerse. Después de elegir un lugar tranquilo y silencioso, se estabiliza la postura, se desconecta la mente del exterior y se lleva a cabo el ejercicio seleccionado. Cada persona irá encontrando qué ejercicios le resultan más favorables porque se avienen mejor con su naturaleza mental.

La meditación es una práctica y una experiencia, mediante las cuales se logra un estado más equilibrado y firme de la mente, se desarrolla la ecuanimidad, se estimula la inteligencia y se eliminan los venenos enraizados en la mente.

Ya en un sello de cerámica con una antigüedad de cuatro mil años aparece una figura sentada en meditación. Su hallazgo evidencia que la práctica del yoga y la meditación cuentan con milenios.

Meditar para vivir plenamente

Todos los ejercicios de la meditación enseñan a vivir más plena y creativamente; predisponen mejor para la vida cotidiana, aunque también son de una excepcional ayuda para cuando llega la enfermedad o la muerte. La meditación, al modificar las actitudes de la mente y desarrollar la visión clara y la ecuanimidad, es también de ayuda inestimable para los moribundos.

Pero hay que aprender a meditar cuando se tiene salud y prepararse para cuando lleguen los momentos difíciles de la enfermedad. La meditación, al desarrollar sabiduría, también enseña a asumir de modo diferente la muerte de los seres queridos o la muerte propia. Muchos meditadores habituales, cuando les ha llegado la enfermedad, han seguido meditando a pesar de ella e incluso han proseguido con la práctica hasta la muerte. Muchas técnicas de meditación, aunque hayan sido concebidas para el bien vivir, también son aplicables para el bien morir. En Oriente muchas personas se han ayudado de la meditación durante la enfermedad o en los estados agónicos.

Cada mañana, al incorporarnos de la cama, se pueden hacer unos minutos de meditación y decir después: "Hoy es un buen día para morir, pero también para vivir". Y a partir de ese momento comenzar la jornada con equilibrio, contento, buena disponibilidad y confianza. La vida es difícil, pero el ser humano la hace infinitamente más complicada; a menudo lo más simple sigue siendo lo más agradable y lo más natural lo más entrañable.

Aunque sólo sea para higienizar la polución psíquica es de desear la práctica meditativa.

Ya se ha llegado

Se actúa como si se fuera un equilibrista insensato que se golpea una y otra vez contra el suelo por falta de equilibrio. Se corre, pero ni siquiera se sabe hacia dónde se va. Se huye, pero en verdad ni siquiera se sabe de qué se huye. Se juega al escondite con uno mismo y se niega la caridad a los demás. Se hace mucho daño porque se castiga innecesariamente.

No se sabe jugar, pero sí mortificar. Ni siquiera se sabe amar, porque lo que se ama es el placer que la otra persona aporta. El hombre se comunica desde el ego y así nunca puede existir una verdadera comunicación. Se refugia en la máscara de la imagen y de la personalidad, pero ahí no hay refugio real. Se está construyendo toda suerte de autodefensas, pero al final el hombre es cautivo de sí mismo. Va del aferramiento al resentimiento y no encuentra la fuerza conciliadora que le libere. Pero existe una forma diferente de sentir, vivir y percibir. Lo que tiene que cambiar es la actitud, pero en su modificación está el secreto.

Viene a cuento el relato de tres amigos que iban paseando. A lo lejos, en la cima de una colina, divisaron a un hombre solo y sentado. Se preguntaron qué hacía allí el individuo. Uno de los amigos dijo:

– Seguro que se ha perdido y no sabe qué hacer.

Otro supuso:

– Debe de estar enfermo.

El tercero comentó:

– Está esperando a alguien.

Se despertó la curiosidad de los tres amigos y decidieron preguntar directamente al hombre de la colina.

– ¿Te has perdido?

– No.

– ¿Estás enfermo?

– No.

– ¿Esperas a alguien?

– No.

Extrañados, los tres amigos indagaron:

– ¿Qué haces entonces?

Y el individuo respondió:

– Simplemente estoy.

Hay dos tipos de mente: la codiciada y, por tanto, carente de genuina libertad y la nacida de la meditación, a la luz de la atención y la ecuanimidad, libre y capaz de desencadenar la visión pura.

Las cuatro vías de meditación

Los ejercicios de meditación son numerosísimos y se conocen desde la noche de los tiempos, habiéndose transmitido directamente de los maestros a los discípulos. Asimismo, muchos sistemas religiosos y filosóficos han contado con el ejercicio de la meditación. El ser humano, desde siempre, emprendió la búsqueda de sí mismo y su desarrollo interno; para ello concibió y ensayó toda clase de métodos de perfeccionamiento interior. Según el alcance y los efectos de la meditación, ésta puede ser clasificada de uno u otro modo. Aquí se ha elegido una clasificación muy sencilla, al alcance de quien quiera aprender a vivir mejor, dividida en cuatro vías:
– quietud
– perfección
– visualización
– devoción y recitación de palabras místicas.

Antes de morir, Buda dijo a sus discípulos: 'Tú eres tu propio refugio, ¿qué otro refugio puede haber? La meditación es un refugio, nunca un subterfugio: los frutos de la meditación se llevan a la vida cotidiana.

La vía de la quietud

Este grupo de técnicas psicomentales son de excepcional eficacia para dominar el pensamiento, silenciar la mente, equilibrar el sistema nervioso y fomentar un estado de profunda calma. Cualquiera de las técnicas aquí incluidas puede practicarse durante diez o quince minutos.

El practicante irá tanteando y hallando en poco tiempo qué técnicas se ajustan mejor a su carácter y naturaleza mental, siendo éstas las que practicará con más asiduidad. Dichas técnicas proporcionan un estado de suma tranquilidad y aportan una gran ayuda para la vida diaria. También previenen los estados de ansiedad, estrés y angustia y, esto es muy importante, son muy útiles cuando se está enfermo.

Atención a la respiración

Como la respiración está siempre presente y es un proceso que aunque automático también se puede hacer consciente y lúcido, resulta un medio excelente como soporte para canalizar la mente e ir cultivando metódicamente la atención, tranquilizando y hallando un centro de reposo y equilibrio.

Aquí se utilizará un método válido para cualquier persona, solamente conviene decir que quien lo practica ha de estar lo más atento posible –pero sin tensión– y cada vez que la mente se diluya, en cuanto lo descubra, debe reconducirla lo antes posible a la meditación o sea, la respiración. Existen numerosos ejercicios de atención a la respiración, pero todos ellos requieren dejar que la respiración fluya con toda naturalidad puesto que no son ejercicios respiratorios que requieran ningún tipo de restricción.

Las técnicas meditacionales de atención a la respiración permiten mantener una vigilancia libre de ensoñaciones y asociaciones mentales.

La sensación táctil

Se inhala y exhala con naturalidad y se fija toda la atención mental en la entrada de los orificios nasales; es decir, en las aletas de la nariz. Al entrar y salir el aire, produce un toque que origina una leve sensación táctil en algún lado de la nariz o en las aletas. Tras localizar esa sensación producida por el roce del aire, hay que irse concentrando más y más en la misma, evitando divagaciones mentales. Si al principio no es posible sentir la sensación, basta con tener la mente muy atenta a la entrada y salida del aire, pero siempre fija en las aletas de la nariz.

Inhalación y exhalación

Permitiendo que la respiración fluya espontáneamente, se sigue con mucha atención el curso de la inhalación y la exhalación, pero se pone aún más atención para captar ese preciso momento en que la inhalación confluye y se funde con la exhalación y viceversa. Así, se observa con suma atención el curso de la inhalación y de la exhalación y el punto de encuentro entre uno y otro proceso.

Del mismo modo que una persona sentada en la playa puede observar cómo una ola viene y se va, así en este ejercicio se observa muy atenta y serenamente cómo la respiración viene y parte; es decir, se está muy atento al flujo y reflujo de la respiración, evitando cualquier distracción. Se convierte así el practicante en el espectador vigilante y sereno del movimiento de ida y vuelta de la propia respiración.

El practicante se desconecta de todo para fusionarse muy estrechamente con su proceso respiratorio. Libre de ideas, ensoñaciones o preocupaciones, se funde con la respiración y se deja mecer en ella, totalmente identificado con su movimiento y aprovechándolo para ir calmando todos los procesos del cuerpo y de la mente.

Se conecta con la respiración, que debe fluir con toda naturalidad. Se vacía la mente de todo lo que no sea el flujo de la respiración. Se inhala con mucha atención, aunque la importancia real del ejercicio está en la exhalación. Cada vez que se suelta el aire, se aprovecha para abandonarse y desbloquearse. Así la exhalación se utiliza para propiciar una sensación de dejarse ir, de relajarse más y más; de sentirse sereno.

La respiración que tranquiliza

Este ejercicio tiene dos fases:

1. Respirando con toda naturalidad y poniendo toda la atención en la respiración al inhalar, se dice mentalmente "al inspirar me tranquilizo" y al exhalar se piensa, "al exhalar me tranquilizo". Se procede de esta manera durante unos minutos aprovechando la respiración y la fórmula mental para tranquilizarse más y más.

2. Se elimina la fórmula verbal y se continúa fijándose en la respiración, utilizando como soporte la inhalación y la exhalación para continuar propiciando un estado de calma profunda.

Absorto en uno mismo

Este ejercicio utiliza la respiración para ir recobrando la presencia de ser, o sea, para poder experimentar la presencia del existir en el aquí –ahora como una sensación, sin palabras ni conceptos– aunque en la primera fase del ejercicio (consta de dos fases), se utilizar una fórmula verbal de ayuda.

1. Respirando con naturalidad se absorbe la mente en la respiración. Al tomar el aire se dice mentalmente *yo* y al expulsarlo, *soy*. Se procede así durante unos minutos dirigiéndose hacia lo más profundo de uno mismo y desarrollando la vivencia de ser.
2. Se prescinde de la fórmula verbal y se continúa tratando de sentir la propia presencia de ser, quedando más y más absorto en la misma, libre de cualquier pensamiento.

Cortar de raíz los pensamientos

Para acabar con cualquier pensamiento que surja en su raíz, el practicante debe convertirse en un espectador implacable de su espacio mental, viviendo en un estado de máxima vigilancia. Se trata de no permitir que el pensamiento fluya, se procese en la mente y forme imágenes.

En el momento en que un pensamiento aflora a la superficie mental, éste se interrumpe y al cortar de raíz un pensamiento surgirá otro, pero no importa. El caso es evitar que se formen cadenas de pensamientos, porque éste debe ser erradicado en cuanto se presenta, una y otra vez.

El practicante se convierte en un espectador extraordinariamente atento de su espacio mental. Del mismo modo que al hablar se hace una pausa entre palabra y palabra y al escribir se deja un espacio entre las mismas; aunque los pensamientos se precipiten al seno mental, siempre hay algún intervalo entre los mismos o espacios en blanco. Se trata de captar los espacios en blanco entre los pensamientos y, en lo posible, profundizarlos y prolongarlos.

La caverna del corazón

No hay que entender el corazón solamente como un órgano de nuestro cuerpo, sino como una región donde es posible entrar, permanecer sereno y encontrar refugio. Los místicos de Oriente y Occidente se han referido al corazón –el corazón espiritual en el centro del pecho–, como la sede la consciencia pura, lugar para establecerse y encontrar una paz inefable, desconectándose de la vida exterior y de la dinámica enloquecida de los pensamientos.

Para efectuar el ejercicio, se fija la mente en el centro del pecho, hacia adentro. Toda la mente se va recogiendo en el corazón, desconectándola de todos los recuerdos, conceptos e ideas. La mente se retrotrae hacia la íntima región del corazón y va encontrando la calma poco a poco, evitando que se despliegue hacia fuera y, si eso ocurre, hasta ir haciéndose con un estado de reconfortante recogimiento, calma y equilibrio.

Uno de los más grandes sabios y místicos de la India, Ramana Maharshi, indicaba que al lado del corazón como órgano físico se halla el corazón espiritual, que es la sede de la genuina identidad.

La meditación del silencio

Manteniendo el cuerpo tan quieto como sea posible se toma conciencia de él y se siente más allá del mismo; se contempla la respiración y se siente más allá de la respiración; se observa la mente y se siente más allá de la mente. Por un lado se ignoran los pensamientos (ni siquiera se les combate) y se pone todo el interés, la energía y la atención hacia lo más íntimo de uno mismo, hacia la fuente de la mente donde los pensamientos no perturban.

De este modo, poco a poco, el practicante va quedando absorto en sí mismo, vaciándose de pensamientos y preocupaciones, ensimismado en su silencio interior. Hay que evitar ser arrebatado y arrastrado por el poder de los pensamientos. Si el practicante se ve dominado por ellos, deberá volver a la mente, una y otra vez, hacia sí mismo, hasta quedarse aislado y absorto en su silencio interior. No importa que los pensamientos surjan y se desvanezcan por la superficie mental, del mismo modo que el océano permanece extraordinariamente calmado en sus profundidades aunque haya oleaje en su superficie. Con el entrenamiento adecuado, la persona irá logrando recobrar su íntima quietud interior y la mente se irá silenciando más y más.

La vía de la percepción

Las técnicas propias de la vía de la percepción se basan en captar o percibir mediante la atención pura, sin reflexiones, con la máxima ecuanimidad; es decir, sin interpretar, aprobar o desaprobar, aceptar o rechazar, ni demostrar gusto o disgusto.

Estas importantísimas técnicas utilizan procesos del cuerpo o de la mente para ponerlos bajo la captación de la atención directa; es decir, sin prejuicios o interpretaciones. La persona se limita a percibir el proceso tal cual es, surgiendo y desvaneciéndose, lo más despersonalizadamente posible. Son todas técnicas de excepcional alcance psicosomático que erradican condicionamientos negativos, modifican la percepción, ayudan a superar los viejos modelos de la mente, purifican el subconsciente y desarrollan una visión cabal y una comprensión clara.

Para enfocar la atención se utilizan el cuerpo, las sensaciones o los procesos de la mente. Con suma atención y no reaccionando, se va consiguiendo superar el hábito de reacciones negativas de la mente, lo que esclarece la visión y supera las viejas estructuras y esquemas mentales.

Estos ejercicios ayudan a vivir mucho más armónicamente y a morir con mayor paz.

La atención al cuerpo

Se dirige toda la atención hacia el cuerpo. Durante los primeros minutos se toma consciencia de la posición corporal y se siente la consciencia misma como tal. Después se va depositando la mente en una zona del cuerpo y se va sintiendo esa zona en profundidad. Se trabaja con algunas zonas del cuerpo y también se toma de vez en cuando consciencia de todo el esquema corporal, aunque no se consiga experimentar todas las zonas a un mismo tiempo. Se trata de sentir, pero no de pensar.

El cuerpo es la energía condensada o materia y puede ser muy útil servirse de él como soporte de la atención, lo que beneficia no sólo a la atención, sino también al cuerpo.

Atención a las sensaciones

Existen numerosos ejercicios para la captación de sensaciones del cuerpo. He aquí los más esenciales:

1. Percepción de las sensaciones en las palmas de las manos. Se dirige toda la atención hacia las palmas de las manos, tratando de ir percibiendo sin analizar ni interpretar las sensaciones que puedan presentarse en cada momento. Si no se sienten, no importa, pero se sigue manteniendo la mente concentrada en las palmas de las manos, evitando cualquier divagación o corrigiéndola si se produce.

2. Captación de las sensaciones que vayan surgiendo en el cuerpo. El cuerpo es un hervidero de sensaciones surgiendo y desvaneciéndose. En este ejercicio, el practicante debe situarse como un observador excepcionalmente atento y desidentificado de las sensaciones que vayan presentándose a cada instante; cualquier movimiento por imperceptible que sea; picor, dolor, entumecimiento, presiones, vibración, etcétera, se captan, pero no se retienen, ni se analizan, ni se persiguen, ni se interpretan.
3. Recorrido del cuerpo de arriba hacia abajo. Se sitúa el foco de la atención en la cima de la cabeza y desde ahí se va desplazando muy lentamente por todas las zonas del cuerpo hasta el dedo gordo del pie. La consciencia se va deslizando por todo el cuerpo. No debe hacerse con prisas, porque no se trata de acumular recorridos sino de hacerlo adecuadamente. La atención desplaza su foco lentamente por todas las zonas del organismo tratando de percibir las sensaciones, siempre sin interpretarlas, ni reaccionando a ellas. Cuando no se siente, se puede uno detener un ratito en la zona y tratar de sentir. Si no se siente, se sabe que no se siente. Nunca se supone o se imagina que se siente. Simplemente, se siente o no se siente.
4. Recorrido del cuerpo de abajo hacia arriba. Se produce de la misma manera que en el anterior, pero en sentido inverso; se realiza desde el dedo gordo del pie a la cima de la cabeza.

5. Recorrido de dos zonas simultáneamente. Se va efectuando el recorrido del cuerpo con la atención mental de arriba hacia abajo y de abajo hacia arriba, pero a la vez simultáneamente por dos zonas: dos lados de la cara, dos brazos, espalda y pecho, dos piernas, siempre con mucha atención y sin reaccionar.
6. Recorrido de la espina dorsal. Se desplaza el foco de la atención mental desde la cima de la cabeza a la base de la espina dorsal y de la base de la espina dorsal a la cima de la cabeza, muy lentamente, tratando de captar sensaciones, sin reaccionar, siempre con firme e inquebrantable ecuanimidad y sin imaginar, suponer o pensar.

La atención al espacio mental

Implacablemente atento, ecuánime y sin afectación, el practicante observa los procesos mentales que puedan ir deslizándose por su mente. No interviene ni para provocar pensamientos ni para eliminarlos, limitándose a ser un testigo muy atento de la mente. No se aprueba ni se desaprueba, ni se acepta ni se rechaza, ni se juzga o se evalúa. La persona observa sin identificar, creando cierta distancia, los procesos brotan y se desvanecen en la mente, sean éstos memorias, ideas, proyectos o lo que fuere.

Cada ejercicio de percepción puede aplicarse de quince minutos en adelante. También es posible tomar como soporte de la atención el cuerpo y la mente al mismo tiempo, es decir, la entidad psicosomática. El practicante, capta las sensaciones, intenciones, recuerdos o procesos físicos y mentales que vayan presentándose a cada momento, sin evaluar ni reaccionar. Siempre hay que mantener muy firmes los dos factores esenciales para la ejecución de estas técnicas: la atención despierta y la ecuanimidad inquebrantable.

La vía de la visualización

Lo que distingue a las vías de visualización es que el practicante conforma una imagen mental o visualización, como soporte para desarrollar un sentimiento positivo y dejar huellas positivas en la sustancia del subconsciente, siendo así que no sólo son métodos para el cultivo de emociones positivas, sino también para dejar impresiones positivas en el subconsciente.

En este tipo de ejercicios el factor emocional juega un destacado papel, puesto que la visualización solamente pretende desencadenar el estado emocional positivo. Aún existiendo muchas técnicas, aquí se recogen las más importantes y al alcance de cualquier persona. Eso sí, requieren una práctica asidua.

1. Visualización de lo infinito. Se visualiza la bóveda celeste inmensa y despejada. Se deja que toda la mente se funda con esta imagen, como si uno se diluyera en el firmamento y se despliega un sentimiento de totalidad, unidad, infinito y cosmicidad. Si surgen pensamientos ajenos, no se les presta atención y se prosigue con el ejercicio.

2. Visualización de la energía. El practicante se imagina estar inmerso en un océano de luz blanca y refulgente. Se visualiza que el aire se inhala y se exhala; es un flujo luminoso, pura energía resplandeciente. Se visualiza que por todos los poros del cuerpo penetran haces de luz blanca, pura, que le hacen sentirse a uno en identificación con el océano luminoso y sin límites de energía cósmica. Uno se funde con dicha energía, cultivando un sentimiento de infinito y cosmicidad.
3. Visualización de la luz verde. Se visualiza que del propio corazón brota un punto de apacible luz verde. Este punto de luz se va desplegando y satura a toda la persona de una luz apacible y relajante; sigue extendiéndose y se propaga por la habitación, la ciudad, los campos, la tierra, los vastos universos. Se extiende en todas las direcciones, sin límite. Es necesario fundirse con ese océano de energía verde y potenciar un sentimiento de plenitud y quietud, calma profunda y bienestar.
4. Visualización de la luz dorada. El practicante visualiza que detrás del entrecejo, del centro de la cabeza, surge un punto de apacible y entrañable luz dorada, que se va desplazando lentamente hasta saturar todo el universo. Uno se funde con esa maravillosa luz, perdiendo el sentimiento de individualidad y cultivando una emoción de plenitud y totalidad.
5. Visualización de la energía de paz. Se enfoca la mente sobre la respiración y se visualiza que, al inhalar, penetra en el practicante un haz de luz blanca y pura

que aporta una paz maravillosa. Por el contrario, al exhalar, se visualiza que se expulsa una luz oscura, como humo, liberándose de todo sentimiento de agitación, ansiedad y malestar.
6. Visualización de expansión. Se asocia la inhalación con la visualización de que la energía del universo entra en uno mismo invadiéndole, a la par que se cultiva un sentimiento de plenitud. Se asocia la exhalación con la visualización de que uno se proyecta sobre el universo y se diluye en el mismo, cultivando un sentimiento de expansión sin límites, infinito.

LA VÍA DE LA DEVOCIÓN

Las personas con una naturaleza inclinada a la devoción, hallarán consuelo y paz en la práctica de los métodos que son aplicables para vivir y para morir. Son métodos válidos para cualquier persona con temperamento devoto, aunque no pertenezca a ninguna religión ni tenga creencias religiosas definidas; basta con que intuya una trascendencia. Son métodos que ayudan en la enfermedad o ante la muerte y que van desde el recitado de plegarias y jaculatorias, a la repetición de un *mantra* o palabra sagrada y el cultivo de estados de inmersión en el Absoluto.

Son todos métodos mentales y emocionales para canalizar la mente hacia el Supremo e identificarse con Él. La oración o el *mantra* son instrumentos verbales para desencadenar un especial estado anímico de apertura mística.

Se vacía uno de todo para sentir el Principio Supremo interiormente. La jaculatoria, la plegaria o el *mantra* ayudan a conectar con esa realidad trascendente. El ego se rinde y se pone al servicio de lo incondicionado.

El *mantra* es una palabra con marcado carácter místico que designa a realidades de orden superior: la energía cósmica, Dios o la Diosa, lo Absoluto o Incondicional. Es como un puente para disponer la mente hacia lo Otro. En todas las religiones ha habido *mantras* o palabras sagradas para dirigir la mente hacia el Supremo.

El *mantra* siempre debe repetirse invocando, convocando y evocando aquello que el *mantra* designa, para llenar la mente y el corazón de la energía de lo designado. Cada persona puede utilizar el *mantra* en su propia lengua, o en otra si lo desea. El *mantra* nuclear de los hindúes es *Om*, que designa el principio universal. Es la vibración inaudible de todo el universo en expansión, la energía que todo lo anima.

El *mantra* que los hindúes utilizan para identificarse con el Supremo es *Aham Brahmasmi*, que quiere decir "yo soy Él". Los tibetanos disponen de enorme cantidad de *mantras*, pero el que utilizan para invocar a la Diosa es *On Tare Tutare Ture Soha*. La oración breve de los ortodoxos cristianos para invocar a Dios e instalar paz en el propio corazón es "Señor mío Jesucristo, apiádate de mí".

Las técnicas de inmersión en lo Absoluto consisten en irse vaciando de todo (afanes, tendencias, pensamientos, anhelos, ego) para fundirse con el principio divino. Se hace caso omiso al cuerpo, los sentidos y la mente, para ser tomado por la energía del Supremo.

La mente, universo secreto

Se recibe una mente al nacer y hasta el momento de la muerte será la eterna e inseparable compañera de viaje. Con la mente se vive y se muere; su camino es el más secreto y más sinuoso: nunca deja de ser un gran misterio.

Todo se fundamenta en la mente, porque la mente hace el mundo y muchas mentes conforman la sociedad. Es el órgano de conocimiento y de percepción, todo se filtra, se reconoce o se distorsiona y falsea, a través de ella. Dondequiera que se vaya, la mente persigue al individuo.

Hay en la mente tendencias hacia el crecimiento y la evolución, pero también hacia el enquistamiento y la regresión.

Renovar la mente

La mente puede ser amiga o enemiga, aliada u hostil, porque la misma mente que esclaviza es la que libera y la misma que ata es la que emancipa. Dispone de una gran energía, pero los condicionamientos que han ido impregnándola y dejando en ella su profunda huella, la gobiernan y sus inclinaciones merman su poder, fragmentándola y distorsionando el discernimiento, robándole su vitalidad y su frescura.

Sin embargo, el hecho de que la vida sea dinámica y no estática hace que sea posible influir armónicamente en ella. Por ello hay que renovar la mente, purificarla, y aunque no sea una labor fácil, sí es el modo de seguir madurando y aprendiendo en cada momento de la vida. De otra forma se permanece atrapado en la red del pasado y las memorias: el pasado se proyecta sobre el presente y diseña el futuro.

La mente puede ser reeducada desde el momento que es posible cambiar los antiguos modelos de conducta moral y modificar con ello su actitud. Si tenemos en cuenta que todo se aprecia, se vive y se percibe a través de la mente, es fácil comprender lo importante que es ordenarla, liberarla de impedimentos, obstáculos y engaños; purificarla y esclarecerla, hacerla dócil y erradicar sus condicionamientos negativos, que son los que provocan las inclinaciones perniciosas.

La experiencia sólo sirve en la medida en que se ha utilizado para el crecimiento interior. De otro modo puede causar traumas que eviten la expansión.

Olvidar miedos y angustias

Muchos son los impedimentos de la mente, entre ellos la desconfianza en el propio progreso interior, el desasosiego, la dispersión, las fantasías negativas, los conflictos, la tristeza, la apatía, el miedo, la angustia, etcétera.

Como se vive a través de la mente, es vital cuidarla y ordenarla para saber vivir y relacionarse.

La ofuscación, la codicia y el odio están muy enraizados en ella, pero se puede hacer un trabajo interior para sanearla y conseguir que sea plena y armónica. Para ello existen claves, y de la misma forma que se puede cultivar un jardín con las orquídeas más hermosas, se puede cultivar una mente llena de amor y benevolencia.

La mente sana

El psiquiatra francés Hubert Benoit afirmaba que la mente, en tanto no libera o ilumina, está enferma. De igual opinión era el sacerdote, escritor y especialista en budismo T. Merton, para el que la mente colectiva cuando está enferma genera sociedades enfermas.

Pero del mismo modo que se cura el cuerpo se puede curar la mente, proporcionando además un bello y consistente sentido a la existencia. No existen modelos de salud mental, son artificiales. ¿De qué le sirve al ser humano encajar en los modelos de salud mental si se siente mal e insatisfecho?

La salud mental es equilibrio, ecuanimidad, sentido del humor y, sobre todo, bienestar. Por paradójico que resulte, la salud mental se gana. De esta forma, y esto se sabe desde siempre, cuanto más sana esté la mente, más sano estará el cuerpo y viceversa.

De la misma manera que nadie se cuestiona la necesidad de cuidar su cuerpo, se debería tener la conciencia de la necesidad de hacer lo mismo con la mente.

Guía para conseguir una buena salud mental

Aunque no existen modelos fijos para conseguir la salud mental, se ha elaborado una guía indicativa para su conquista. Son claves basadas en los conocimientos de los grandes iluminados, los maestros de la mente, los buscadores del equilibrio y los psicoterapeutas más evolucionados. Éstas son:

– Comenzar por aceptarse. Nada se gana con generar disgusto contra uno mismo. Desde la aceptación, sin triunfalismos ni imágenes narcisistas, se comienzan a poner los medios para el crecimiento interior y el mejoramiento humano. El cambio interior se producirá si se persiste en la práctica y el aprendizaje. Se debe trabajar a favor de las fuerzas de crecimiento, sin excesiva autoindulgencia, pensando que uno mismo es el artífice y posterior heredero del propio cambio.

– Las potencias más poderosas son el amor, la tolerancia y la compasión. Son signos ineludibles de salud mental y si se las propicia se equilibra la mente.

No se debe fomentar un solo sentimiento de inferioridad ni de superioridad. No hay que malgastar energía inútilmente para encajar en los esquemas de los demás.

El presente, lo más importante

– El presente es lo que cuenta y por eso es tan importante instalarse en él. Se debe sacar lo mejor del pasado y cuidar sin tensión del futuro. Hay que dar siempre la bienvenida al presente por el mero hecho de que el presente es el instante que vivimos.

– Trabajar para conseguir el autoconocimiento es distintivo de salud mental y equilibrio psíquico, es conveniente evitar el engaño de fomentar un ego idealizado. Debe permanecerse vigilante para no arrojarse cualidades de las que se carece. Se deben descubrir las propias limitaciones y asumirlas con ecuanimidad, sin sentimientos de inferioridad.

– Nada positivo puede emanar de la autoestima narcisista que, por otra parte, no es tal autoestima. Se debe mantener la propia identidad, incluso en la acción más alienante. Atribuirse demasiada importancia no es fuerza, sino debilidad y neurosis. El egocentrismo es muy mal compañero y peor guía.

Amar no es debilidad

– Nadie vale más que otro, todo ser humano tiene el mismo valor que los demás y merece respeto. El más valioso es el que más capacidad de amor tiene, el más legal, el más fundamentalmente bondadoso. Se debe aprender a ponerse en lugar de los demás y comprender, aunque ellos no comprendan. Amar nunca es debilidad, sino poder.

– Se tiene que enfocar la vida como es y proceder en consecuencia. No es un reino de felicidad, se dan problemas y circunstancias adversas, surgen acontecimientos felices y desgraciados. Hay que aprender a vivir la vida tal como es.

– La vida adquiere un significado especial cuando se la dispone para hacer más consciente al hombre. Los venenos de la mente fomentan una atmósfera interior enrarecida y engendran desdichas y miedos. Hay que luchar contra ellos.

– Es aconsejable hacer todo lo posible por sentirse bien, sin dejar de respetar el bienestar de los otros. Si uno se siente bien, compartirá ese bienestar con los demás. Pero ¿qué se va a compartir si se está lleno de pesadumbre, odio, agresividad y malhumor? El tedio, la confusión, la ansiedad y la depresión son estados contagiosos. Nadie los desea, a nadie le apetece padecerlos pero, ¿qué se va a compartir si se está lleno de odio y malhumor? Un buen antídoto contra estas situaciones es pensar en los demás.

Las cuatro emociones

Hay cuatro emociones tan hermosas y saludables que Buda las denominaba las Cuatro Sublimidades y también las Santas Moradas. Todo ser humano, si es que quiere conseguir una verdadera integración interior, debe cultivarlas. Son:

– amor
– compasión
– alegría compartida
– ecuanimidad

Son cualidades sublimes que hacen posible el noble vivir y de hecho conducen al mismo. Si éstas fueran instalándose en el alma humana el mundo entero se humanizaría. Representan la pureza de corazón y propician la armonía con uno mismo y con los demás, mejoran las relaciones humanas y las condiciones sociales y liberan la mente de cualquier corrupción.

Todo ser humano puede poner su energía al servicio del egoísmo o al bienestar propio y ajeno. La vida adquiere un toque sublime cuando se utiliza para sembrar amor.

No hay mejor bálsamo que el amor

Cuando el amor es verdadero es un amor para siempre; es el verdadero antídoto contra el afán de venganza, la ira, el odio, el resentimiento y el rencor. Enseña a perdonar y el que más se beneficia de él es el que ama, porque el amor exhala una soberbia energía de integración y plenitud.

El que ama acepta a las personas como son, sabe discutir las necesidades ajenas y atenderlas; lo mismo sabe retener que soltar, pone alas a la libertad, colabora en el crecimiento del ser amado aún a riesgo de perderlo y coopera en sus afanes.

Ese amor es la recompensa en sí mismo. Ayuda a superar adversidades, se deleita en compartir, disfruta identificándose con los problemas ajenos y encuentra en sí mismo armonía y equilibrio. No es un intento por poseer o dominar, ni por reafirmar el ego ni hallar un beneficio egoísta. Es un amor fraterno, sin exigencias, mediante el que se desea lo mejor para el amado, haciendo lo posible por no hacerle daño. Es el amor desde la independencia, sin contaminaciones psicológicas ni egocéntricas, y con un gran poder de integración.

Un antídoto contra el egoísmo

La compasión consiste en estremecerse ante el dolor ajeno, resultar sensible al mismo e identificarse con las aflicciones de los demás. Es una actitud de sensibilidad exquisita ante el sufrimiento de los otros seres, en lugar de ser indiferente.

Esta emoción es ternura, que no sensiblería; es el antídoto contra la impasibilidad y el egoísmo. Nada mueve tanto como la compasión verdadera, que no hay que confundir con la sensiblería. La compasión supone ayudar a los demás, tratar de aliviar su sufrimiento y resolver sus problemas prestando ayuda material y espiritual.

La verdadera compasión evita dañar de cualquier modo a cualquier ser, engrandece y tiende puentes de verdadera amistad, despierta confianza y estimula el crecimiento interior. Nos hace amables, sensibles y verdaderamente humanos. El amor y la compasión son hermanos gemelos.

En una época en la que se cultiva el desamor y el egoísmo, el cultivo de las Santas Moradas es más necesario y urgente que nunca.

La alegría compartida

La alegría compartida es el mejor remedio contra la envidia.

Representa el contento por la felicidad y éxitos de los demás. El júbilo es una energía muy revitalizante y poderosa. Se transmite y como la llama de una vela enciende las demás, se traspasa de un corazón a otro creando una atmósfera de alegría y plenitud.

Mediante la compasión nos identificamos con el sufrimiento de los otros; mediante la alegría altruista celebramos sus éxitos y su felicidad. La alegría compartida ayuda a superar los celos, la envidia y la aversión. Amor, compasión y alegría altruista nos acercan a los demás.

La cualidad de las cualidades

Cuando ya no es posible hacer nada, sólo nos queda el refugio de la cuarta cualidad que llamamos ecuanimidad.

Es igualdad de ánimo, equilibrio, firmeza y armonía. Representa la tolerancia y la capacidad para ver más allá del ego y no dejarse atrapar en trampas perniciosas.

Ecuanimidad es el arte de no reaccionar desmesuradamente; es la comprensión clara de los hechos o la visión acertada del juego de la dualidades existenciales. Hay vida y muerte, encuentro y desencuentro, ganancia y pérdida, placer y dolor, triunfo y derrota, halago e insultos. La persona ecuánime mantiene su equilibrio en todas las circunstancias. Todo es transitorio, ¿por qué, pues, estar siempre en el apego y en el rechazo, en el gusto o disgusto extremados?

La ecuanimidad hace posible las otras tres santas moradas y equilibra; superar es la posición del medio que ve ambos extremos, pero que mantiene el equilibrio sin precipitarse hacia uno o hacia otro lado.

También libera de indecisiones innecesarias, proporciona fortaleza y reduce ansiedad. Estabiliza y armoniza el carácter y gracias a su energía, la persona se libra de inquietud, antipatías, indiferencias y dogmatismos.

La persona ecuánime mantiene siempre su equilibrio porque no se altera innecesariamente; es como el funámbulo que pasa por el cable sin caerse y que cuando se inclina demasiado a un lado corrige inmediatamente la postura.

Es importantísimo saber que tanto las situaciones favorables como las desfavorables pueden cambiar en un segundo; que lo que a veces parece una maldición, con el tiempo se convierte en una bendición.

La historia del hombre ecuánime

La historia del hombre ecuánime es una enseñanza magistral. Era un hombre querido por todos. Había enviudado y tenía un hijo. Poseía un solo caballo y un día, al despertarse por la mañana y acudir al establo para dar de comer al animal, comprobó que se había escapado. La noticia corrió por el pueblo y vinieron a verle los vecinos:

– ¡Qué mala suerte has tenido!, para un caballo que tenías y se ha marchado.

– Sí, sí, así es, se ha marchado –respondió el hombre.

Transcurridos unos días, se encontró con que a la entrada de su casa no sólo estaba su caballo, sino que había traído otro con él. Vinieron a verle los vecinos y le dijeron:

– ¡Qué suerte la tuya!, no sólo has recobrado tu caballo, sino que ahora tienes dos.

– Sí, sí, así es –dijo el hombre.

Al disponer de dos caballos ahora podía salir a montar en compañía de su hijo. Pero un día mientras galopaban juntos, el hijo se cayó del caballo y se fracturó una pierna. Cuando los vecinos vinieron a ver al hombre comentaron:

– ¡Qué mala suerte! Si no hubiera venido ese otro caballo, tu hijo estaría bien.

– Así es –respondió el hombre ecuánime.

Pasaron dos semanas y estalló la guerra. Todos los jóvenes del pueblo fueron movilizados, excepto el herido. Los vecinos vinieron a visitar al hombre y le dijeron:

- ¡Qué suerte la tuya!, tu hijo ha sido el único joven del pueblo que no ha sido alistado para la guerra.

El hombre repuso:

– Así es, así es.

Desarrollando los estados sublimes

Aprender y olvidar forma parte de la vida y de la tarea que se impone el que quiere aprender a vivir mejor. Rechazar para olvidar todo lo que es pernicioso, negativo y doloroso para uno mismo y para los demás, y aprender lo que es sano, equilibrado y hermoso para todos, forma parte del noble arte de la vida.

Del mismo modo que el alquimista trataba de transmutar los metales de baja calidad en preciosos, así se pueden ir transformando las negatividades en estados sublimes. El mayor y más eficaz elixir es la firme resolución de hacerlo y, por ello mismo, el que quiera vivir una vida plena que le vaya preparando el camino para una buena muerte, debe estar siempre alerta para conseguirlo.

Una antigua máxima dice que del corazón parten dos caminos: uno es hacia el infierno interior, y el otro hacia el paraíso interno. Cada uno puede optar por uno de los senderos, somos libres. Pero no se debería olvidar que el sendero hacia el paraíso pasa por el cultivo y desarrollo de los estados sublimes.

El amor siempre fortalece y hace la vida más fácil, mientras que el odio sólo engrendra odio y división para acabar llenando el planeta de resentimientos.

Apéndices

Lo que se debe hacer

- Desarrollar una actitud vital positiva, asociada con la atención en el presente y con ecuanimidad.
- Permanecer atento y perceptivo, aprendiendo así de instante en instante, renovando la mente.
- Instrumentalizar la vida y sus acontecimientos positivos y negativos para mejorar la relación con uno mismo y con los demás, con la firme motivación de caminar hacia la integración para beneficio propio y ajeno.
- Poner los medios, condiciones y ejercicios para liberar la mente de sus trabas y engaños, para así poder disipar los estados de ofuscación, codicia y odio. Alcanzar estados de lucidez y que provocan la felicidad.
- Ejercitarse en el amor consciente y liberar la relación humana de presiones, exigencias, celos, irascibilidades, manipulaciones, envidias y falsas expectativas.
- Comprender que el cuerpo y la mente pueden cultivarse para disponer de más armonía y bienestar y que hay métodos para hacer posible una fecunda y feliz integración psicosomática.
- Estar preparados para la respuesta viva y fresca y no para la reacción neurótica, desmesurada y nociva.

- Obrar por amor a lo que se hace, sin obsesionarse por los resultados, haciendo lo mejor que se pueda en cada circunstancia, actuando sin egoísmo.
- Buscar una dimensión de consciencia más clara y libre de dogmatismos, perjuicios y condicionamientos.
- Suscitar, promover y cultivar estados emocionales positivos: amor, benevolencia, compasión, alegría y sosiego.
- Saber parar y sentirse uno mismo, con calma; relacionarse con el silencio interior, no precipitarse compulsivamente; apreciar lo sencillo y cotidiano.
- Mirar no solamente hacia afuera sino también hacia adentro; poner las condiciones para mejorar la calidad de vida externa, pero también la interna.
- Estar más atentos a los pensamientos, palabras y actos. Saber pensar y dejar de pensar. Aprender a fluir más en armonía con los acontecimientos vitales, sin generar fricciones innecesarias.
- Atender adecuadamente, aunque sin obsesionarse, a las cinco fuentes de energía: alimentación pura, respiración adecuada, descanso reparador, sueño profundo e impresiones mentales positivas.
- Vivir cada momento con la mayor lucidez, plenitud y apertura, como si fuera siempre el primero y el último, potenciando la vida con el recordatorio de la muerte, para aprender a vivir y a morir, a coger y a soltar.

Lo que no se debe hacer

- Ignorar que se puede proporcionar a la vida un sentido, instrumentalizándola no solamente para desarrollar la voluntad de poder o de tener, sino también de ser, de cooperar y de amar.
- Desatender las cinco fuentes de energía básica: alimentación, respiración, descanso, sueño e impresiones mentales, porque de ese modo se dispondrá de menos vitalidad y se perjudicará al cuerpo y a la mente.
- Afirmar excesivamente el ego en detrimento del verdadero bienestar psicológico, viviendo para el culto a la personalidad y a la imagen, no desarrollando lo más auténtico y próximo a uno mismo.
- Incurrir en autoengaños, pretextos absurdos o justificaciones que frenan todo desarrollo saludable, además de provocar la neurosis.
- Permitir y fomentar estados de ánimo negativos, pensamientos nocivos, emociones perniciosas o ser demasiado indulgentes con nosotros mismos.
- Dudar de los propios recursos y potencial de crecimiento, viviendo de espaldas a lo más precioso de uno mismo.
- Alimentar autoexigencias excesivas y narcisistas, sin saber aceptarse sanamente y creando conflictos con la propia personalidad y las propias tendencias, lo que desgasta emocionalmente y genera fuertes sentimientos de frustración.

- No proporcionar a cuerpo y mente el ejercicio y cuidado que se merecen y que son muy necesarios para mantener el equilibrio a lo largo de la vida, ya que son nuestros compañeros inseparables.
- Perderse en componendas y subterfugios, resistencias psicológicas y escapismos que evitan la madurez y el desarrollo.
- Hacer de la vida un inútil conflicto generando agresividad y violencia, perturbando así la relación con uno mismo y con los demás.
- Olvidar la práctica de los medios y métodos para sentirse mejor, no modificar armónicamente la psiquis y el comportamiento e ignorar un significado más pleno a la vida.
- Instalarse en la ofuscación, la avidez y el odio en lugar de trabajar sobre uno mismo para generar lucidez, generosidad y amor, en beneficio propio y de los demás.
- Perderse en el pasado y en el futuro, en lugar de apreciar al máximo el momento presente.
- Embotar la mente permitiendo reacciones innecesarias que originan condicionamientos penosos que roban la frescura del vivir cotidiano.
- Negar el perdón a los demás y a uno mismo.
- Dejarse alienar por la actividad agitada en lugar de estar en uno mismo y disfrutar también de las cosas sencillas y cotidianas. Quitar valor a la amistad y a la alegría de vivir.

GLOSARIO

Atención pura. La atención que capta el objeto tal cual es, sin interpretaciones, prejuicios, valoraciones o elaboraciones.

Consciencia. Plano de la mente que facilita el darse cuenta, vigilancia, alerta.

Consciencia de ser o de sí. Autoconsciencia, sentirse a uno mismo. Experimentar la presencia de ser o existir.

Cosmicidad. Sentimiento cósmico, sentido del cosmos, experiencia de plenitud cósmica.

Ego. El sentido de individualidad o personalidad; sentimiento de separación.

Egocentrismo. Exacerbado sentido del ego o personalidad.

Hiperconsciente. Consciencia muy desarrollada. El que está muy vigilante y atento y logra ser más consciente de lo común.

Liberación mental. Emancipación de la mente de trabas y ofuscaciones, codicias, envidias... La mente así se encuentra más alegre y estable.

Madurar. Crecer interiormente, evolucionar, superar el ego.

Mantra. Palabra con un sentido sagrado o místico que se utiliza para la plegaria o la meditación, a fin de conectar la mente con lo sublime.

Maya. Según la filosofía de la India, la ilusión cósmica, el engaño de los sentidos y de las apariencias.

Mente supramundana. La mente especialmente entrenada y lúcida que está por encima de lo mundano; puede captar y experimentar vivencias que escapan a la mente común.

Mística. Actitud de unión, búsqueda del origen o lo supremo; sentimiento de unidad e inefabilidad.

Narcisismo. Término tomado del mito de Narciso para designar un sentimiento de preocupación excesiva por uno mismo; autovaloración, egoísmo.

Ofuscación. Engaño, confusión, falta de claridad, falseamiento de lo que es.

Om. Palabra sagrada que los hindúes utilizan para designar al Supremo y que es instrumento para concentrar y purificar la mente.

Psicastenia. Cansancio psíquico, agotamiento, apatía, fragmentación psicológica, falta de vitalidad y motivación.

Psicosomático. Lo concerniente al cuerpo-mente.

Psiquis. La organización psicológica del individuo con todas sus reacciones subconscientes y condicionamientos psíquicos.

Relajación consciente. Ejercicio para relajar conscientemente la musculatura y disipar tensiones y bloqueos.

Resistencias. Mecanismo sutil y generalmente inconsciente de la psiquis, para no ver las cosas o a uno mismo como autoengaños o enmascaramientos.

Sabiduría. Ver las cosas como son desde la pureza de la mente. Apreciación justa y cabal de los procesos y fenómenos vitales.

Subconsciente. Plano de la mente que se sitúa por debajo de la consciencia y que contiene infinidad de impresiones.

Supraconsciente. Consciencia altamente desarrollada y capaz de ver y penetrar allí donde no alcanza la consciencia ordinaria.

Transpersonal. Plano de realidad que transciende lo puramente personal.

Visualización. La capacidad de reproducir una escena en la imaginación; método de entrenamiento mental que se sirve de la representación mental-visual para propiciar emociones o estados mentales positivos.

Wu-Wei. Término de la filosofía china que quiere decir pasividad, no-hacer interiormente, contemplación en la acción.

Yoga. Método antiquísimo de perfeccionamiento, que incluye medicina natural, ciencia psicosomática, psicología y, sobre todo, un conjunto de procedimientos para mejorar el cuerpo, la mente y las energías. El primer método de meditación e integración consciente del mundo.

Zen. Rama del budismo; escuela budista nacida de la asociación del budismo y la filosofía china denominada taoísmo. Se originó en China con el nombre de *Chan* y floreció en Japón con la denominación de *Zen*.

BIBLIOGRAFÍA

ANÓNIMO: *La nube del no-saber,* Swan, Madrid, 1989.
BUDA: *El sutra de la atención,* Edaf, Madrid, 1994.
BULLEN, Leonar: *Una técnica de vida,* Sirio, Málaga, 1986.
CALLE, Ramiro: *Encuentros con sabios notables,* Tetragrama, Valencia, 1996.
CALLE, Ramiro: *Enseñanzas para una muerte serena,* Temas de Hoy, Madrid, 1995.
CALLE, Ramiro: *El punto de quietud,* Edaf, Madrid, 1992.
CALLE, Ramiro: *Recobrar la mente,* Urano, Barcelona, 1994.
CALLE, Ramiro: *Yoga en casa,* Edaf, Madrid, 1995.
CALLE, Fritjof: *Sabiduría insólita,* Kairós, Barcelona, 1994.
COLEMAN, Daniel: *Los caminos de la meditación,* Kairós, Barcelona, 1986.
COLEMAN, Daniel: *La meditación y los estados de consciencia,* Sirio, Málaga, 1990.
DHIRAVANSA: *La vida del no-apego,* Liebra de Marzo, Barcelona, 1991.
ECKEHART: *El libro del consuelo divino,* Aguilar, Madrid, 1955.
ELIADE, Mircea: *Autobiografía,* Aguilar Madrid.
FROMM, Erich: *El corazón del hombre,* Fondo de Cultura Económica, México, 1994.

Hart, William: *La vipassana,* Edaf, Madrid, 1994.

Hesse, Hermann: *Mi credo,* Bruguera, Barcelona, 1983.

Huxley, Aldous: *La filosofía perenne,* Edhasa, Barcelona, 1993.

Jung, C, G: *Recuerdos, sueños y pensamientos,* Seix Barral, Barcelona, 1971.

Krishnamurti, J: *La libertad primera y última,* Kairós, Barcelona, 1972.

Maslow, Abraham: *El hombre autorrealizado,* Kairós, Barcelona, 1972.

Nyanaponika: *La meditación sobre las sensaciones,* Cedel, Barcelona, 1986.

Nyanaponika: *El poder de la atención mental,* Cedel, Barcelona, 1980.

Nisargadatta: *Los cuatro estados sublimes,* Alas, Barcelona, 1989.

Nisargadatta: *Semillas de conciencia,* Sirio, Málaga, 1995.

Ross, Pellón Dr.: *Las alternativas en la terapia del cáncer,* Edaf, Madrid, 1995.

Simonton, Carl, Dr.: *Sanar es un viaje,* Urano, Barcelona, 1995.

Sole-leris, Amadeo: *La meditación budista,* Martínez Roca, 1986.

Sogyal, Rimpoche: *El libro tibetano de la vida y de la muerte,* Urano, Barcelona, 1995.

Watts, Alan: *La vida como juego,* Kairós, Barcelona, 1982.

WHAT Hanh, Thich: *Cómo lograr el milagro de vivir despierto,* Cedel, Barcelona, 1995.

WIBER, Kem: *La conciencia sin fronteras,* Kairós, Barcelona, 1984.